ゴルフ狂

川上哲治

ゴルフダイジェスト社

ゴルフ狂、川上哲治　目次

第1章　日々、頭の中はゴルフのことばかり

第2章 あの人この人、ゴルフ交友録

第3章　野球の極意、ゴルフの極意

装画・深津　千鶴
装丁・三浦　哲人

第1章

日々、頭の中はゴルフのことばかり

雨の朝、ゴルフを想う

朝からの雨だ。散歩に行こうと思ったが止めにした。少しの雨くらい、自分ではなんともないのだが、風邪を引くから、年なんだから、と女房が口うるさく言うに決まっている。

たしかに八十も過ぎればあちこちガタもくる。歯は入れ歯だし、前立腺も白内障も何年か前に手術した。ここ数年は腰痛に悩まされ、腰が伸びないから歩く姿もみっともない。

どこから見ても立派な年寄りに間違いないが、自分の意識では若い頃とちっとも変わっていない気がするからおかしい。とくに精神が。周りと比べたり、鏡を見たりするから、俺は年なんだ、と自覚させられるだけなのではないか、といつも思う。

それはともかく、何もしないで家でじっとしているほど辛いことはない。草むしりでもなんでも、体を動かしていないとさっぱり元気が出てこない。そういえば、おふくろもそんなだった。生まれついての性分なのだろう。

書斎のテーブルの上に、スコアカードが何枚か置いてある。去年の秋に孫の哲明たちと箱根CCを回った時のものもある。三人ともメンバーなので、良く一緒にでかける。

哲治	アウト	45	イン	41
哲明		39		40
正規		48		51

哲明は二十九歳、娘の一人息子だ。まだ独身で、箱根CCのハンディ5。研修会に入っているから、この先もっと上手くなるだろう。正規くんは娘婿、哲明の父親だ。

哲明が生まれたとき、私は現役の監督だった。いま思うと、武蔵CCのハンディ7だった五十代のそのころが最盛期だった。暇さえあれば庭で、アプローチの練習をしていた。

娘夫婦は結婚当初から私たち夫婦と同じ敷地に別の家を建てて住んでいる。哲明は生まれたときからそういう私を見て育った。だが、小さいころから球技は苦手で、キャッチ・ボールもまともにできなかった。娘が、運動会の楽しみがない、とぼやくほど、脚も遅く、運動のセンスのない子だった。

それが、中学二年になって突然ゴルフに熱中しはじめた。窓ガラスにフォームを映してスウィングを研究したり、必死で本を読んでいた姿を思い出す。

もちろん私も教えたが、呑み込みも遅く、今のように上手くなるとはとうてい思えなかった。

高校ではゴルフ部に入って腕を磨き、キャプテンになった。シングルの腕前はあっただろう。ところが、大学ではゴルフをやらず、再開したのは社会人になって数年経ってからだった。それが、いまや楽々とハンディ5というから驚く。

恥ずかしながら、「打撃の神様」と呼ばれたこともある私が、そういう孫の哲明より上手くなれなかったことが悔しいし、情けない気もする。

ゴルフは野球とはまた違ったセンスの求められる奥の深いスポーツなんだと思わざるを得ない。

今は年相応の18をもらって競技に出ているが、もっともっとゴルフを極めたい、という気持ちは変わらない。それどころか、体の衰えを技術でカバーしなければならない今のほうが昔より研究心があるくらいだ。

哲明の父方の祖父、坪井正雄さんは、九十で亡くなる少し前まで箱根CCでゴルフを楽しんでいた。その年までまだ七年もある、と思うと少し元気が出てきた。

雨も小降りになってきた。どうやら明日は天気になりそうだ。

痛み止めを飲んでプレーした日

昨日、十日ぶりに鍼治療に行ったので。今朝は起きたときから腰が軽くて気分がいい。

十二月は年末恒例のコンペがいくつもあってさすがにこたえた。だが、疲れた、なんて、女房の前では口が裂けても言えない。

「だいたい八十過ぎたその歳で、月に五回も六回もでかけて行くほうがおかしいんですよ。いいかげんにして下さい」

と鬼のような顔で睨み付けられるに決まっているからだ。

そう言われつづけて数十年。だが、ついに二年前の秋にそのツケがまわってきた。夏から腰は痛かったのだが、こっそり痛み止めを飲んでゴルフをやっていた。九月までに五十回はラウンドしただろう。そして十一月。突然の激痛に襲われて歩くこともできなくなってしまった。トイレに行くのに脂汗を流して這って行くという情けなさだった。

選手時代の右足の捻挫がもとで、十年くらい前から膝に水が溜まりだした。だがジムに通って筋肉を鍛えなおし、プールで水中ウォーキングもやって良くなった。それをいいことに毎年七十回はゴルフをやっていた。とうとう腰がパンクしてしまったのだ。

いくつか整形外科を訪ねても、先生は呆れ顔で冷たく言うだけだった。

「ゴルフのやりすぎですよ。手術は危険すぎます。お年を考えるとお勧めできませんね」

「このまま一生だましだまし使っていくしかないでしょうね」

症状は悪化する一方で、痛み止めも効かない。神経ブロックをやっても逆に痛みが増すという絶望的な日々が続いた。そんなある日、ある鍼の先生を紹介された。黒澤映画の〝赤ひげ〟みたいな一風変わった先生だけど、腕は凄い、という話だった。

すぐに飛んで行った。M先生は裸の私の体に触れるなり、

「川上さん、これは治るよ。マッサージのやりすぎで筋肉が固まっちゃっているんだよ。絶対にまたゴルフができるようにしてやるから心配いらないよ」

と断言してくれたのだ。ゴルフができないなら死んだほうがまし、としょげかえ

っていた私には、まさに地獄で仏だった。

M先生は本当に名人だった。まともに歩くこともできなかったのに、三、四回通ううちに、痛みが和らいできた。一ヵ月もしないうちに腰を伸ばして歩けるようになった。

「この調子なら春にはコースに出られるよ。良くなってきたら、ビクビクしないで、どんどん体を使うほうが腰にはいいんだ」

M先生の言葉には心底勇気づけられた。さらに治療に専念し、再び芝生の上に立ったのは、四月末の日曜日だった。じつに半年ぶり。

あのときは思い詰めていたから、無理な手術を強行して、下手したら二度とゴルフができなくなっていたかもしれない。だから、再起後初のラウンドでクラブを振った時の喜びは今でも忘れない。

あれから一年半。去年も三十回はコースに出たが、寒さが厳しくなるこれから春まではラウンドは控えることにしている。しかし練習場通いと、自宅でできる簡単なトレーニングだけは続けている。芝枯れの時期に、翌シーズンに備えることは、ユニフォームの頃からの習性なのだろう。

オレは何もしないほうがかえって苦痛なんだ、といくら女房に言っても、全然わかってもらえないのが悲しい。

80歳からの体力づくりに奮起

散歩から帰ってきて、一風呂浴び、缶ビールを飲んだら、人心地がついた。

家から近くの駒沢公園まで歩いて十五分。一周二キロの公園内の散歩コースを二周して戻ってくると、ちょうど一時間半だ。今日も真冬とは思えないほど暖かかった。パンツまで汗びっしょりだ。こんな暖かい日が続くなら、ゴルフだって平気でできるのに……。でも、腰に悪いから冬場は自重してください、と家のものから釘をさされている。主治医の先生からもそう言われているし、できるだけ我慢するしかない。

もうゴルフはできないか、という酷い腰痛から再起したのは、一昨年の春だった。しかしなんとか月数回のラウンドはできるようになったが、フォームはばらばらになって、ショットもスコアもあったものではなかった。

半年ゴルフをしなかったから、ドライバーは飛ばないし、アプローチやパットの勘も戻らない。筋肉が落ちて硬くなったせいだろう、以前と同じスウィングで打っているはずなのに、体が全然ついてこない。カートでのラウンドが当たり前のようになってしまった。

そしてこれではいけない、と散歩を始めた。一日置きに六キロ。今はそれを八キロまで伸ばそうと頑張っている。そうすると、ほぼワンラウンドの距離になる。箱根ＣＣには八十歳以上の「寿会」という競技がある。出場者の半数以上はまだ歩いてラウンドしている。老いたりとはいえ、プロ選手だった自分が、カートなしで回れなくてどうする、と奮起せざるを得なかった。

散歩のほかにも、リハビリ・トレーニングを続けている。数年前に膝の治療でお世話になった整形外科の先生に教えられたものに、独自のメニューを付け加えた簡単なものだ。

ゴムチューブを居間の把手に結び付けて、手や脚で引っ張ったり、枕ほどの大きさのスポンジを両脚の間に挟んで力を入れたりする筋トレや、ストレッチが中心だ。

さらに、半年前から、太ももの裏側の筋肉を鍛える運動も追加した。素振りするだけで体がぐらついて、うまくフィニッシュがとれず、ショットが安定しないのに悩んでいたときに、テレビで面白い番組を目にした。

トレーニング学が専門の先生が出てきて、バレリーナと女子プロレスラーのどちらがバランス良く体の平均をとれるかを比べている。それはバレリーナのほうだった。一見、筋肉がなさそうに見えるバレリーナのほうが、太ももの後ろの筋肉がプロレスラーより鍛えられているからだ、と先生が解説していた。なるほどそうか、とさっそく強化運動を開始したのである。

仰向けになって片足を曲げて上げ、もう一方の足を伸ばす。そして、伸ばしたほうの尻と腰をゆっくり上に上げていく。片足を三秒ずつ、一日三回でいいから簡単だ。もう一つもやはり一日三回。仰向けになって足を伸ばし、膝から先を座布団かなにかで高くして、五分間じっとしているだけでいい。

腰を痛めてからは、旅先の旅館の布団から立ち上がるのがつらかった。ヨッコイショッと手で支えながら立ち上がらないと転びそうで怖かった。だが、最近ではスッと起き上がれる。運動の思わぬ副産物だ。そんなことが嬉しいなんて、つくづく年だと思って嫌になるが、この年になっても、トレーニングの成果が目に見えるということは大きな励みになる。

パット下手は執着心の希薄さから

今日はずっと家でパターの練習をやっていたので、風呂から上がってもまだ腰が重い。

得意なのはバンカーショットとパターだ、と胸を張って答えていたときもあったのに、今は昔。とくにパットが上手くいかない。年で飛ばなくなるのは仕方ないとしても、短いものまでだめになると辛い。スコアの作りようがない。

三年前、白内障の手術のときには、これでパットがズバズバ入るぞ、と楽しみだったが、期待外れだった。眼はよく見えるようにはなったが、パットはちっともよくならない。体のバランスや判断力の衰え、そしてなにより、絶対に入れるぞという執着心が希薄になってきたのが原因だと思い至った。

監督を辞めるときがそうだった。なんとしても勝つ、と執念を燃やしつづけて十数年間歯を食いしばって戦ってきたが、五十歳をいくつか過ぎたころから、負けてもそれまでのように悔しくなくなってきた。そろそろ辞め時だ、と観念したのだ。

現役引退の潮時を感じたのは、打った球がびっくりするほど飛ばなくなったときだった。あっ、ホームランか、という手応えの当たりが、外野フェンスの手前でおじぎしてしまう。体力の限界だった。

野球選手よりはるかに選手寿命が長いプロゴルファーの場合は、パットが入らなくなって引退していく人が多いと聞いている。ゴルフはパットだということははっきりしている。

ウッズにしても、レフティのウィアーや女子のソレンスタムなどを見ても、強い選手は例外なくパットが上手い。ソニーオープンに出場した十四歳のミッシェル・ウィのパットの上手さは抜群だ。この先どんな凄い選手になるか楽しみだ。

だが、ただ見ているわけにはいかないのが私の性分である。二百五十ヤード飛ばせ、といわれても無理な話だが、パットならまだ工夫次第でなんとか上達の余地はあると考える。練習も欠かさない。腰を痛めてからは一日中というわけにはいかなくなったが、絨毯の上でコツンコツン。『水戸黄門』や時代劇の再放送をつけながら、コマーシャルタイムにコツンコツン。数百回は下らないだろう。

そしていいヒントがあればすぐに試してみる。この連載を始めてから雑誌が毎週送られて来る。何週か前に面白い記事が載っていた。ツアープロのキャディが、どんなアドバイスをしているのか、という特集だった。

カップの狙い方には、センター、左、右センター、ボール半分外す、ボール一個分外す、といういくつもの選択肢がある、という解説は新鮮だった。そんなことは考えたこともなかった。

野球なら、球の上下や左右を狙って打つくらいは当たり前と思ってやってきた私だが、やはりゴルフは素人だった。目から鱗の発想だった。どんな世界も奥は深い。

もう一つは道具だ。私は道具より技術を信じるほうだが、最近はそれもぐらついている。パットの下手なミケルソンがおかしな形のパターを使いだしてショートパットが入るようになって今年復活の一勝をあげた。あのパターにも興味があるが、最近手に入れたのはオデッセイの2ボールだ。ラインが出やすいので気にいっている。
猫も杓子もみんな使っているから恰好悪いと思いながらも、恥を忘れて現実重視に徹底できるのも年のせいか。とにかくもっともっとパットが上手くなりたい。

84歳、さらなるエージシュートを

この三月（04年）の誕生日で八十四歳になった。この日はちょうどレフティ協会の関東支部大会があり、プレゼントをもらうなど、みんなにお祝いしてもらった。

もう一つ嬉しかったのは、今シーズンから、協会の顧問を引き受けてくれた羽川豊プロが参加してくれたことだ。かつてトーナメントで大活躍して我々を元気づけてくれた彼だが、今はもっぱらテレビ解説が中心。しかし我らレフティ仲間の希望の星であることに変わりはない。

せっかくの機会を無駄にすることはない。スタート前にパットを見てもらった。

「右の小指をしっかり握って、パターの面を変えないように。打ったあとにヘッドを持ち上げるクセがありますね。低く出すようにしてみてください」

一日その通りにやってみたがなかなか上手くいかない。それでも31パットの47・43で回れたのだから、身につけばスコアももっと縮まってくるだろう。

「一つ年が増えて、これでエージシュートも楽になりますね」
パーティーの席であちこちから声をかけられた。たしかに数年前までは、
「回るたびにエージシュートが出そうで怖い」
などと生意気なことを言っていた。初めて達成した七十六歳のころは体も元気で、ゴルフもまだまだ進化していたから、本気でそう思っていた。その後去年までの七年間で十一回記録したが、忘れられないのは、97年九月の日本プロ・グランドゴールドシニア選手権のときである。

このとき私は七十七。大会の行われた川奈ホテル大島コースを38・35の73で回った。三回目のエージシュートだった。川奈はパー70だが、それにしても自分でも驚くほどのできだった。

スコアが良かったこともそうだが、プロの公式戦で達成できたことがなにより嬉しかった。それまでのものは、ふだんのゴルフ仲間とのラウンド。6インチあり、OKありのいいかげんなものだった。それだけに、PGAツアーの公式記録に残る、どこからも文句をつけられない完璧な記録というのが嬉しかったのである。

結局七十代では七回記録したが、その後はスピードが鈍った。八十になった00年はゼロに終わり、01年が一回。そのあと腰痛から復帰してから三回もできたのは思いのほかだったが、果して今年はどうなるか。

なにしろ腰を痛めてからはさっぱり飛ばなくなってしまった。ドライバーは二十ヤードも距離が落ち、7番アイアンの距離が、5番でも届かないという悲しさだ。足も弱ってあちこちガタがきて、体のバランスも判断力も悪くなってしまった。エージシュートが老いとの戦いであることをいま痛切に感じている。

七十代になった頃はエージシュートができなかったら死んでも死にきれない、と思っていた。だが達成してみると、すぐに次の目標が現れるからおかしい。

去年福岡でレフティ大会があったとき、公式戦だけで31回のエージシュートを記録した七十七歳の会員がいると聞いて刺激を受けた。さらに、我がホームコースの箱根CCには去年までに42回マークしている九十一歳の強者もいる。

「大叩きさえしなければ、いつでもエージシュートですね」

と涼しい顔で言われたら、なにくそという気にもなってくる。この負けん気と頑張り精神こそがいくつになってもゴルフに挑戦し続ける私のエネルギーのもとになっているのだろう。

パット不調と逆境時代を回想する

最近使いはじめたオデッセイのパターが入らなくなったので、以前使っていたパターに替えてラウンドしてみた。だがかえって結果が悪かった。

カップの狙い方や傾斜の読み方を雑誌で勉強して以来、ずっと調子が良かったのだが、悪くなると、道具のせいなのか、打ち方の間違いなのか、ととたんに悩みが始まってしまう。二、三日前の新聞に、こんなことが書いてあった。

「ストレス解消には、ゴルフや卓球、ボウリングなどの球技がいい。丸い球は決して思いどおりの軌道を描かないから、なんとかしようと努力することで良質のストレスが生まれ、悪いストレスを追い払ってくれる」

たしかに思いどおりにいかないところがゴルフの面白さなのだが、こいつは良いストレスなんだと達観できないところが素人の悲しさだ。

暇さえあれば、ゴムチューブを使って太ももの裏を鍛えるトレーニングをしているのに、それでも足元はふらつくし、眼も利かなくなってきている。おまけに耳もいちだんと遠くなってきた。補聴器の電池がなくなってくると、バアさんと二人で大声で話しだす。隣に住む娘たちから叱られることもしばしばだ。なんとも情けないが、そういう衰えのすべてがパットの不調につながっているのだろう。

　だが、眼や耳が悪いのは今に始まったことではない。どっちも戦争で悪くした。二等兵のままじゃあつまらん、と幹部候補生を目指して猛勉強した。消灯後も、布団に潜って懐中電灯を点け、「軍人勅諭」や「作戦要務令」を暗記した。これで近眼になった。

　首尾よく見習士官となり、立川の陸軍航空隊に配属された。機銃や機関砲の整備が主な仕事で、ばかでかい音のする試射を毎日のようにやっていて、すっかり難聴になってしまったのである。そのころ私は二十三、四。戦後はもうプロ野球などできなくなる、田舎で百姓でもやるか、と思っていたから、眼や耳が悪くなってもなんとも思わなかった。命があるだけでもうけものというような時代だった。

戦後、プロ野球に復帰してからも、こうしたハンディは気にならなかった。熊工からプロに入った当時は、それ以上のハンディがあったからだ。

高校までピッチャーだったが、甲子園に出たころは肘が痛くてどうにもならなかった。自己流の投げ方で左ひじは大きく曲がり、巨人軍に入団したときからもうバッターになるしか道は残されていなかった。だが、それまで野手の練習はしていないし、脚も遅かった。なんとしても人よりたくさんのヒットを打つしかなかったのである。

逆境をバネにした、という点では王くんや張本くんも同じだ。王は、二本足ではどうしてもタイミングがとれず、入団以来、何年も〝三振王〟と揶揄されて苦しんだ。その苦しみがあったからこそ、荒川コーチとの死に物狂いの練習に耐え、一本足打法をものにすることができた。張本くんは子供のころ火傷をおい、右手の薬指と小指はくっついていて離れず、他の三本の指も真っ直ぐ伸ばすことができない。その手で三千本安打の記録を作ったのである。

逆境は、良いストレスか悪いストレスなのか知らないが、なんとかしようと努力する力になったことだけは間違いない。

寝酒の焼酎をちびちびやりながらそんなことを考えていたら、少し元気が戻ってきた。どうやら今夜は熟睡できそうだ。

断食道場で悟ったこと

この五月に、九州の断食道場へ行った。去年初めて行ってみたら体調が良くなったので、今年もまたでかけたのである。

毎年断食にでかけて行く知人から、体にいいからどうですか、と以前からすすめられていたのだが、去年まではなかなか決心がつかなかった。

しっかり食べてよく動くのが元気のもと、食べられなくなったら一巻の終わりだ、と考えていたから、そんな健康法なんてあるわけがない、と思っていた。

病気で食欲がなくても、無理にでも食べて治してしまう、というのが私流のやり方だった。

また私は、小さいころ、明日の食べるものに困る貧乏を味わったせいか、食べられない、ということに人一倍の恐怖心がある。食べない健康法なんて、どうしても信じられなかった。

だがやってみると、案ずるより産むが易し。意外と楽に六日間の断食期間を乗り切ることができたのである。

そして帰ってくると、それまで何年も飲んでいた胃の薬がまったくいらなくなってしまった。胃酸が食道に上がってくる、逆流症の症状に長年苦しんでいたのが、まるでウソのように治ってしまったのである。

道場を主宰する先生によれば、断食は胃腸はもちろん、体全体を休養させて大掃除をするものなのだそうだ。期間中、ほとんど固形物をとらないから、とくに胃腸にはいいらしい。傷ついた細胞を修復する余裕ができ、免疫力も高まるという話だった。

ともあれ、食いしん坊の私には〝食〟に関する一大意識革命であった。食べないことは死んだも同然と思っていたが、とんでもない。たしかに二、三日は腹が減って力も出ないが、それを過ぎるとなんともない。散歩だって、筋トレだって、普段と同じようにできてしまうのである。

「そのお年で断食ですか。なんでまた」

と怪訝な顔をする友人もいたが、食べ過ぎより、少なく食べるほうがいい、と気がついただけでも、行ってみた甲斐はあったと思っている。

もう一つ気がついたのは、人間の体の対応力と回復力の不思議さについてである。

断食を始めると、当初は猛烈に眠くなる。頭に行く血流が少なくなるらしく、本を読むこともおっくうになる。代謝を落として、わずかな栄養でもやっていけるようにするのだそうだ。外から栄養が入ってこないと、これは大変だ、と体はその状況にすぐに対応しはじめるものらしい。

毎日当たり前のように栄養が入ってくれれば、そのうち体はだんだんさぼるようになる。体の持っている力は本来はもっと凄いのに、慣れがそれを十分に発揮させせなくなってしまうからだ。

ハングリーな選手ほどスポーツで成功するのも、こういう体のメカニズムから考えてみると納得がいくから面白い。

野球では、打者はウェイティングサークルで打順を待つ。重いマスコットバットを振ったり、バットの先ににリング状の重しを付けて素振りをする。重いバットを振っていれば、実際に振るときに、振り抜きやすく感じるからである。振り抜きやすいからといってバットを軽くしても、やがてはその軽さに慣れ、軽くした効果もなくなってくる。

普段なにげなくやっている、マスコットバットを振る動作の中に、慣れればすぐにさぼろうとする体を、上手に扱う知恵が生かされているのである。改めてそんなことに気がついたのも、断食の効用だったようである。

世界初？ゴルフ用眼鏡を特注

新しく特注したゴルフ用のメガネが昨日できあがってきた。私の注文を聞いて、メガネ屋さんが目を白黒させていたから、おそらく世界に一つだろう。今まで使っていたのは、近眼のレンズの下の部分に、小さく老眼用の凸レンズがついた一般的なもの。その凸レンズの部分を、下ではなく上に付けてもらったのである。見た目はへんてこだが、実際にかけてアドレスすると、球がはっきり見えていい感じである。

顔を上げ、下目遣いに正しく構えようとしても、老眼部分の凸レンズで球がぼやける。凸レンズを避けてはっきり見ようとすると、こんどはどんどん頭が下がってしまう。下がると、球と目の正しい距離が保てなくなる。テークバックが窮屈になり、肩も回りにくい。インパクトゾーンで伸び上がってしまう弊害もある。近眼だけのメガネも使ってみたが、近くを見るときにいちいち外すのが煩わしい。そこで思いついたのが新型メガネなのである。

いうまでもなく、球技では球をよく見ることが基本だ。とくに野球は、ゴルフには必要のない動体視力が重要になってくる。プロ入り間もないころ、眼を鍛えるために色々なことをした。電車に乗れば、窓外をビュンと行き過ぎる電柱を、目だけで追いかける。電柱には一本一本違った数字が書かれており、それを瞬時に読み取る練習だった。

回っているレコード盤のラベルの文字を、上から覗いて読む練習もやった。ベーブ・ルースの伝記の中に、彼が苦もなくラベルを読むことができた、と書いてあるのを読んで、まねをしてみたのである。今のLPと違って、昔はSP盤という高速78回転のレコードだった。最初は目が回って気持ちが悪くなるだけだが、毎日やっているとしずつ文字が読めるようになる。

私はもともと眼は良かったのだが、軍隊時代の猛勉強が原因で近眼になった。右目0・8、左目が0・3だったが、バッティングには支障がなかったのでずっとメガネはかけなかった。引退前の数年はメガネをかけたが、これは守備のためだった。ナイターが多くなると、高く上がったフライが見えにくい。また、夏場のナイターともなると、客席は白一色。投手からの速い牽制球が、スタンドの白にまぎれてしまう。それでメガネをかけたのである。

球が動いてくる野球はメガネなしで平気だったのに、球が止まっているのに、ゴルフはしっかり見えていないと当たらない。一口に球をよく見る、といっても意味が違うのだろう。

バッティングは、投球動作や来る球の動きに応じてスウィングを始動する。球がプレートとホームベースの真ん中付近にきたときには、すでに球の見極めをつけている。重要なのは予測力で、そのために目を使う。インパクトの瞬間まで球を見ていることはあまり意味がない。

反対に、ゴルフでは、インパクトまでしっかり球を見ていることに意味があるのだと思う。球が止まっているゴルフは、野球以上にしっかり最後まで振り切る必要がある。だが球をよく見ていないと、振り抜きが甘くなる。また、スウィングの間中、体が間違った動きをしないように、球との距離を一定に保つ、いわばレーダーのようにも目は使われているのではないか。

今度新しくメガネを作ったのも、そういう素人考えからなのだが、果して結果はどうなるか。次のラウンドが待ち遠しい毎日である。

歳なんぞものかは、新打法に挑戦

先日、レッスンプロの増田哲仁さんにスウィングをみてもらう機会があった。あちこちガタがきた私のような年寄りでも楽に飛ばせる新打法、という週刊ゴルフダイジェストの企画で対談し、ドライバーの打ち方を教わったのである。これが、目からウロコのレッスンだった。

テークバックでも、切り返してからも、頭は動かしていいんです、と増田さんは言った。

「歩くときでも、まず頭が前に動いて、それから足が出るでしょ。そのほうが体重移動も無理なくできるんです」

頭を動かせ、という常識に反する理論にとまどいながらも、言われた通りにテークバックしてみると、楽に体が回って、肩が深く入るので驚いた。

「でも、頭を戻しながら打ちにいったら、スウェイして突っ込んでしまいますよ」

「大丈夫、戻すのはアドレスの位置までで、そこでインパクト。そこからフィニッシュまで自然に動かしてやればいいんです」

やってみると、確かに体は楽に回るし体重移動もスムーズにいく。だが、スウェイしそうで恐る恐る打つから、上手く当たらない。だが増田さんは言った。

「この打ち方だと、腰にも負担がかかりません」

その一言を聞いて、なんとかものにしよう、と練習場で試してみているのだが、なかなか教えられたようには体が反応しない。ゴルフを始めた初心者のころ、スウェイはいけない、軸は動かすな、頭を残せ、とさんざん教えられ、それが染みついているからだろう。

はた、と思い出したのは、往年の大選手、中村寅吉さんや樋口久子さんのスウィングだ。私は昔、世田谷にあった砧ゴルフ場で彼らとラウンドしたことがある。二人とも、大きくスウェイするように頭が動く独特のスウィングだった。

あれでよく当たるもんだ、と感心したものだが、小さい体の人が遠くへ飛ばすには理に適ったスウィングなのだろう。そう言えば、杉原輝雄さんも、まさに増田プロがすすめる打ち方だった。昔いっしょに回ったとき、

「頭は動かしていいんですよ」

と言われたことがある。

さらに、このごろテレビ中継を観ていると、たしかに、頭を大きく動かしながらスウィングする選手が、特に女子プロに増えていることにも気がついた。考えてみれば、野球のバッティングでは、球から目を離すな、とは教えるが、頭を動かすな、という言い方はしない。テークバックで頭は後ろに動いていくのが自然だからである。

はじめから後ろ足に体重をかけて構える人はそれほどでもないが、前足を大きく上げる、例えば王くんのような一本足に近い打ち方の人はかなり動く。トップから打ちにかかると、頭は前に動きだすが、構えていた位置まで戻れば、そこでしっかり止まってインパクトを迎える。野球なら、頭を動かしても、インパクトで突っ込まずに、きっちり球をとらえることは簡単なことだった。ゴルフでも同じようにできそうなのに、できないのは、上体に力が入り過ぎるからだろう。重いバットを振り回していた習性なのかもしれない。

手首や腕に余分な力が入らなければ、切り返しが柔らかくなって、頭が突っ込むこともない。だからタイミングもうまくとれる。だが、ゴルフだと、どうしても力が抜けない。

一つ教われば、また一つ課題が増えてくる。明日もまた練習場に行くことになるだろう。

モー・ノーマン打法の思い出

この夏はひと月あまりを蓼科の山荘で過ごした。でも腰やひざに爆弾を抱えているからコースに出るのは週に一回程度。その分、東京から持っていったレッスンビデオを観まくった。それも見尽くして、棚をあさっていたら、奥の方から古いビデオが出てきた。モー・ノーマンというカナダ人のプロが提唱する「ハンマー打法」の解説ビデオだった。五、六年前、真剣にこの打ち方に取り組んだことがある。

あるレフティ仲間が、このビデオと一本のアイアンを持ってきてくれた。

「川上さん、この新打法を試してみたらいかがですか」

アイアンを見ると、びっくりするほどグリップが太い。普通の倍はある。「ベースボールグリップで握るんです。シンプルな打法で、これで引っかけも出なくなりました」

そのころ私もひどいフックに悩んでいた。手首をこねる昔からの悪いクセがどうしても抜けない。俺のゴルフもこのままでは頭打ちか、と限界を感じはじめていたところだった。それで興味を持ったのである。

「たしかにこのグリップならフックは出ないでしょうね」

「はい。親指は伸ばして握りますが、ほとんど野球と同じだから、川上さんにはピッタリでしょ」

家に帰って早速ビデオを観てみる。ノーマンが打ってみせ、レッスンプロの江連忠が解説していた。実にシンプルで合理的。これなら何度打っても真っ直ぐ行く、と納得し、近所のゴルフ屋に飛んで行った。一セット丸ごと専用の太いグリップに交換してもらった。

ハンマー打法は構え方も打ち方も独特である。

まず、スタンスが広い。普通の一・五倍くらいで構える。ボール位置はドライバーの場合なら、前足の爪先線上。かなり前に置く。そしてクラブヘッドはボールの三十センチも後ろにセットする。すると、レフティの私の場合、右腕とシャフトとが一直線になる。体重もはじめからしっかり左足に乗せておく。

「一番難しい、テークバックの始めの部分を、構えたときにすでに済ませていることになる」

と江連プロが解説していた。そしてトップの位置も低めでコンパクト、べた足で、後ろ足の踵はスウィングの最後まで上げない。真っ直ぐ飛ばすにはこうするのか、といちいち納得がいく。さらに、ティグラウンドから、ボールが落ちる250ヤード付近まで、幅一メートルほどの白い布が敷いてあるのがビデオに映し出される。ノーマンが打つほとんどの球が、まるで魔法のように布の上に落ちるのである。すっかりハンマー打法に魅せられてしまった。

だがしばらく続けたが、結局は一年でやめてしまった。曲がらなくていいのだが、いかんせん距離が出ない。また、フックは止まったものの、逆にフケ球が出るようになり、直そうとして、手首をこねる悪い癖が再び始まった。グリップが太い分、昔よりもっとひどくこねるようになり、ゴルフにならなくなってしまったのである。

だが決して無駄ではなかった、と思っている。グリップは手首、ヒジ、肩、と身体全体につながっている。引っかけが出ないのがいい、と飛びついたものの、やはり小手先をいじるだけの姑息な考えではだめだった。スウィング全体が正しくないと真の上達はない、ということを思い知ったのである。じつにいい勉強であった。

あれもこれも、ゴルフ練習三昧

今日は暖かかったので、庭のアプローチだけで汗をかいた。プールで水中ウォーキングを始めてからひざの調子がよくなった。長く続けてもふらつかなくなってきたのが嬉しい。

「そんなに手首を使ったらだめです。トップからは手を忘れて、下半身で戻してきて下さい」

あるコンペで一緒になった、レッスンプロの石渡俊彦さんから教わったことを思い出しながらやってみた。手首を使うと球が強く出て、距離感も合わない。だがこれだと、フワッとした球になる。手先で細工するクセがあるから、すぐ忘れるのだが、身についたら、三つはスコアが縮まるだろう。

リビングに戻って、絨毯の上でパットの練習を始めたら、隣に住む孫の哲明がやってきた。最近、箱根CCのハンディを5から6に落とされたせいか少し元気がない。原因はパットだ。パットが彼の唯一の弱点なのである。オデッセイのパターだけで、新型が出るたびに三度も四度も取り替えているのだからあきれる。

「道具ばっかり替えとらんで、練習せんと上手くならんぞ」

彼がパットの練習をしているところを見たことがない。

「うん。パットが好きじゃないから下手なのかな。でも打ち方では悩んだりしないからね」

「じゃあなんで入らないんだ」

「距離カンが悪いし、ラインの読み方もまだ本当に分かっていないんだと思う」

私もこのところずっとパットに自信がない。私の悩みは打ち方そのもの。真っ直ぐ引いて、真っ直ぐ打つことがどうしてもできないのだ。知らないうちにテークバックがどんどんインサイドに入ってきてしまうクセがあり、引っかけては失敗する。

どうすれば真っ直ぐ引けるか、ずいぶん研究した。中部銀次郎流に、壁に額をつけて、ヘッドを壁に沿って真っ直ぐ動かす練習。絨毯にテープや糸を張ってみたり、ボールに線を引いたり、半分に色分けして色が混ざらないように打ってみたりもした。テークバックの速さやリズムも関係するかもしれない、とヘッドに十円玉を乗せて動かす練習をしてみたこともある。

だが調子良く入っているときはいいが、引っかけが始まると、すぐに迷い出す。

人に見てもらい、「それで真っ直ぐです」と言われても、自分ではアウトに引いているような感じがする。オープンにしたり、クローズにしたり、構え方も、しょっちゅう変えてみるのだが、この、真っ直ぐをアウトと錯覚するような感覚だけはどうしても直らない。

「どうだ、これでいいか」

哲明に後ろから見てもらう。「うん、真っ直ぐ引けてるよ」

だが、わずか2メートルのパットがときどき引っかかる。

「おかしいな。インサイドに入っとらんか」

「入ってないよ」

と言って彼は立ち上がって正面に廻った。「なんだわかったよ。インパクトで頭が前に動いてるじゃない。ときどき前の肩が上がるし。それじゃ引っかかるに決まってる」

「えっ本当か」

ショックだった。タイガーやソレンスタムのように、しっかり体を止めて打っているつもりだったのに。基本中の基本ではないか。時々人に見てもらうことはやはり大事なことだった。ともあれ、これで暗雲が少し晴れた気がする。コースに復帰して、即エージシュート、と新しい年への夢もふくらんでくるというものである。

「体を回す」が今やっとわかった

〝体を回す〟ということがどういうことか今わかった、などと言ったら何をいまごろ、とばかにされそうだが、本当だからしかたがない。

スウィングが回転運動なら、コマの心棒のように動かない中心がなくてはならない。だから、首の後ろや、背骨を軸にして回転させるのが正しい、とずっと信じてきた。ビギナーのときに教わった、頭を動かすな、という呪文に縛られてきたこともあるだろう。それが、数日前、庭でアプローチの練習中に、

「そうか、回転といっても、平行移動を伴う回転なんだ」

という感覚がスッと腑に落ちたのである。

テークバックのとき、

「それじゃあ、回転じゃない。前の肩が下がってるだけだ」

と言われたり、逆に、

「前の肩が上がっているだけで、回転になってない」

と見てもらったプロによく言われた。なぜそうなるのかわからなかったが、今ならわかる。〝動かない軸〟を意識し過ぎていたのだ。

呪文がとけるきっかけになったのは、去年（04年）の夏の増田哲仁プロのレッスンだ。増田さんから、

「歩くのも、頭が動いてから体が動く。ゴルフも頭は動いていいんです」

と、目からウロコの指導を受けた。また元に戻ってしまったが、意識のどこかに、いつも増田さんの顔がちらついていた。

決定打となったのは、

『高橋勝成・54歳の結論』

という週刊ゴルフダイジェストの特集記事だった。

「肩を回す、は勘違い。左肩をアドレスの右肩の位置に移動させるんです」

と書いてあり、その下に、二枚の写真を一つに合成したスウィングの写真が出ていた。アドレスで静止した頭の位置が、テークバックのトップでは後ろに20センチも動いていた。解説を読みながら、体を動かしてみる。なんと、出来上がったトップの形は、私のバッティングのトップの形そのものだったのである。これなら、あとは野球と同じように振り下ろして来ればいいだけだ。

どうしてそんなことが今までわからなかったのだろう。ビギナーのころ、野球スウィングで打つと、ひどいスライスが出た。それが直ると今度はフック。野球のスウィングとは違うんだ、と強く刷り込まれたに違いない。

野球では、最初から後ろ足体重で構える。腰も肩もすでに回してある。頭も、アドレスの位置ではなく、はじめからトップの位置まで動いていることになる。そしてピッチャーが投げても体重はまだ後ろ。そのまま前足を踏み出していく。それも、地雷を避けるような感じでそっと足を下ろす。腰は平行移動しながら前に動き出し、回転も始まるが、体重はまだ後ろのまま。後ろ足の前で振りきってしまう感覚だ。前足に体重を移動しながら回転する、という意識はまったくない。

野球と同じなら、ゴルフはずっとやさしくなる。「真っ直ぐ引いて真っ直ぐ打つ」と言われてもピンとこなかった。軸は動かないもの、と思っていた。だが平行移動なら、インパクトをゾーンで感じられる。

「それで真っ直ぐだ」

といわれても、どうしてもアウトサイドに引いている感じがしてしかたがなかった。それも解消されそうだ。最近、近所のスポーツジムの会員になり、水中ウォーキングを始めた。一日も早くひざを治して、練習場でドライバーを思いっきり振り回してみたいと思っているのである。

陳さんの一言で快感ショット甦る

八月上旬に、久々の好スコアの90で回ったスウィングを忘れまい、と練習に行ったが、さっぱり当たらない。突っ込みは直ったはずなのに、またおかしな引っかけ球が出る。次のラウンドまでは中十日。それを目指して何度か練習したのだが、スローモーションのように、ゆったりと力みなくヘッドが振り抜ける、あの気持ち良さは戻って来なかった。

不安をかかえたまま、サニーカントリークラブへ行った。長野・佐久望月の標高千百メートルのリゾートコース。涼しい上に、ボールのそばまでカートで行けるから、足腰ヨレヨレの私にはこれ以上ない条件だ。

だが、午前の蓼科コースは53。スリーパット五回も痛かったが、ウッドもアイアンも、まともなショットが一つもない。6番まで全部ダボという情けなさだ。

なぜだろう、と考えながら昼食をとっていて、陳清波プロの一言をふと思いだした。七、八年前、陳さんとプロアマ・コンペで一緒になった。

「手が後ろ足を過ぎるあたりで早めにコックをしてしまったほうがいいですよ」

午後からは、それでやってみた。私はテークバックをインに引きすぎるクセがある。だが直そうとすると、手が体から離れ、スウィング軌道も寝てしまう。ゴルフも野球も、ヘッドは立って下りてこなければいけない。それが、コックを早くするだけで、真っすぐ引け、クラブも立ってくるから不思議だ。結果的にいい〝間〟もできたのだろう。一番でいきなりパーがきた。

後半はさらにもうひと工夫。ヘッドをかぶせ気味に上げるようにした。フェースは開きぎみに上げるほうが引っかけない、と思ってきた。だが、これこそが最近の引っかけの原因かもしれない、と試してみたのである。それがまさに的中した。

クローズ気味に上げると、クラブフェースは上を向かずに前を向く。そのイメージで上げて振り抜くと、驚くほど真っすぐに飛んだ。引っかけがピタリと止まったのである。午後の八ヶ岳コースは44だった。

「クローズに上げると、なんで真っすぐいくかわかったよ」

別荘に帰ってビールを飲みながら、一緒に回った孫の哲明に話しかける。

「どうして?」

ハンディ5の彼は、後半42。いま一つ表情が冴えない。

「タイガーやソレンスタムみたいに開いて上げると、いまの俺はインパクトでフェースを真っすぐ戻せない。足はふらつくし、体の回転も鈍い。遅れればスライス、早く合わせれば引っかけだ。インパクトの形のまま、シンプルにただ上げて下ろす、というのがよかったんだと思う」

午後は、スローモーションのように体が回る快感ショットが何発もあった。野球とゴルフの違いはあるが、全盛時の落合博満くんや岡本綾子プロ、今なら清原和博や宮里藍のスウィングは、とくにゆっくりにみえる。エルスやグーセンも、あれで何であんなに飛ぶんだ、というくらいゆっくりだ。ヘッドスピードは速いのに、下半身が先行し、上体が大きく柔らかく使われているからそう見えるのだろう。

私のバッティングは腕の力に頼りがちで、フォームも悪かった。それでも、絶好調のときは、スローモーションでヘッドが気持ち良く振り抜けていく感覚がたしかにあった。見た目にゆっくりなら、本人もゆっくり感じている。またスウィングで迷ったら、これを思い出せばいいのだ。

籠残り20球で掴んだニュートン級の発見

蓼科の〝夏合宿〟最後のラウンドで89が出た。六月にコースに復帰以来のベストスコアだ。復帰直後にハーフ60近く叩いたことを思うと、よくぞここまで戻った、と嬉しくてたまらない。

もっとも、キャディさん運転のカートで球のそばまで運んでもらい、オール6インチ、30センチをオーケイしてもらう横着な年寄りゴルフ。スコアは全然自慢にならない。

日記を読み返すと、よくもまあ飽きずにああだこうだ、とスウィングのことを言っている。自分で恥ずかしくなるが、今度こそガリレイ、ニュートン級の大発見だ。というとまた孫たち家族の呆れ顔が目に浮かぶが、発見というより、昔の良いときのカタチを思い出したのである。

下半身、特に後ろの左腿（私は左打ち）を意識してゆっくりテークバックすると、上体の力が抜けて肩がよく回る。早めにコックすると、インサイドに引きすぎる悪いクセが抑えられ、手が高く上がる。

どちらも〝合宿〟で摑んだヒントだが、その時は上手くいっても、次が同じようにいかないのがなんとも悔しかった。

蓼科最後のラウンドを二日後に控えた、練習場でのこと。

「テークバックで前の肩が上がっている」「前の肩があごの下に入るように、前肩をもっと下げて手を上げなくちゃ」

天からリンゴが降ってきたようにひらめいた。そうだ、確かにそうだった。籠のボールは残り少ない。20球。一球一球、噛みしめるように球を打つ。何番で打っても、同じような弱々しい球しか出なかったアイアンが、6番で150も飛んでいく。正しく打てば、正しく飛ぶ。年だから、腰やひざが悪いから、は言い訳にすぎなかった。やはり技術が間違っていたのだ。

本番では、アイアンはもちろん、フェアウェイウッドまでびしびし決まった。トップが高くなってすくい打ちがなくなり、球が上がる。これこそ、長い不調の根本原因だったのだ。

考えてみれば、野球でも良いバッターは前肩が上がらない。野球は初めからトップの位置で構える。ゴルフのように前傾もない。肩の動きは平行に近く、あごの下に前肩が入るような感じはない。

むしろ、前肩は上がって見える。だが、振り下ろす直前には、グリップは一瞬上がる。ひじも上がるから、結果的に前肩が下がって、ダウンブローにバットを振り出せるのだ。

逆にトップで前肩が上がるとどうなるか。後肩が下がればひじが落ちる。するとひじが体の線より内側に入りやすくなる。上から叩けないから、バットがスムーズに出てこない。あおり打ちになって、インサイドが打てなくなる。ピッチャーも同じだ。両手を広げた体の線から、腕やひじが内側（背中側）に入ったら速い球は投げられない。手はいつも体の前で使う、とピッチングコーチ時代の藤田元司（06年物故）くんがよく言っていた。

その昔、我孫子で林由郎さんと回ったとき、

「野球は、テークバックで前肩は上がらないよね」

と訊かれたことを思い出す。林さんは独特のフラットなスウィングで、肩は平行に回っているように見えた。なんでそんなことを訊くのだろう？　林さんは全盛時代だった。ちょっと調子が悪くて、迷っているのかな、くらいにしか思わなかった。だが、テークバックでは、肩の位置がどんなに大事なポイントか、今ならよくわかる。次のラウンドも同じように回れたら、今度こそいよいよ本物だ。

球の声が聞こえてくる境地になれば

江連忠プロの最新レッスンビデオを観ていて、なるほどこの人なら良い選手が育つだろう、と思った。彼は愛弟子の諸見里しのぶのプロデビュー戦、日本女子オープンでキャディを務めていた。レッスンの冒頭、

「スウィングの形は人それぞれ違っていい。それより、心を生かし、身体を生かし、クラブを生かすこと。ストレスのないリズム良いスウィングが大事だ」

と話していた。肩はこう、腰がこう、という一般的なレッスンものとは一味ちがう。

思い出したのは監督のころ凝った、バラや菊づくりのことだ。家が百姓だったから、肥料づくりも草むしりも苦にならない。手をかければ、それにこたえて花が咲く。好きで始めたのだが、「これは選手づくりに通じる」と気づいてからますます熱中し、一時は菊を品評会に出すほどのめりこんでしまった。

花木は、自分の好き勝手には育てられない。バラにはバラの、菊には菊の個性がある。葉に元気がなければ、水不足なのか、色つやが悪ければ肥料が足らないのか、あるいは害虫でもついたのだろうか。花の気持ちになって注意深くつきあっているうち、何を欲しているかがわかってくる。花はもともと咲く力を持っている。自分はその手伝いをする、というくらいに考えてちょうどいい。いじくり回すから、花を枯らし、才能をつぶして失敗する。花づくりから学んだ教訓だった。

江連プロの表現はユニークだ。

「ヘッドは球に当てるのではなく、当たるのだ」

「トップは作るのではなく、できるもの。むしろ無いほうがいい」

「最高の切り返しをして、〝美しい間〟ができると、シャフトが喜んでいる、クラブが生きている、と感じる」

ああしろこうしろ、と教えすぎて型にはめれば、身体が固くなって自由に動かない。子供のように伸び伸びとした心と身体。道具本来の性能と持ち味を生かすことが大事、とプロは言っている。ビデオでは、リラックスした良いリズムを覚えるための様々なドリルが紹介されていた。

野球では球は猛スピードで向かってくる。これがゴルフとは違う、野球の球本来の姿だ。振り回さなくても、重いバットにぶつかるだけで、球は軽々と内野の頭上を越えていく。そう思えばリラックスでき、バッティングも楽になる。さらに、「球はもともと打ち返されようとして向かってくるのだ」と考えたときもある。すると、こう振ろう、ああ打とうはなくなる。ポイントまでしっかり引きつけて、ただポンとバットを出すだけ。ヒットを打つのはなんて簡単なんだろう、と余裕のバッティングができてしまう。ゴルフでも何度かそういうときがあった。とくにパットのとき。「今日は一日ラインがよく見えた」。球が転がっていくイメージが浮かぶと、どう打つか、強い弱いなんて考えない。何も考えずにラインにポンとヘッドを出すだけ。曲がりだろうが、下りだろうが、スーッと行ってコンと入ってしまう。まったく不思議な感じだった。自然体でストレスがなく、クラブが喜ぶような〝間〟のある打ち方ができていたのだろう。

「もっとこう打ってくれれば、曲がらずに、遠くへ飛んで行きますよ」

球の声が聞こえてくるような境地になれれば、力みも消え、ゴルフももう一段進歩するはずだ。だが、まだ雑念が多すぎていけない。はるかに遠い道のりだ。

『弓と禅』からヒントのゴルフの〝放れ〟

本棚の隅にあった『弓と禅』（福村出版刊）にふと目がいって、取り出して読み返してみたら面白かった。

オイゲン・ヘリゲルというドイツ人が書いた本で、巨人のコーチになった頃に初めて読んだ。彼は大正末、東北帝大に哲学と語学を教えるために来日した。そして日本を知るいいチャンスだ、と弓道を習う。滞在六年間で、六段を取得して帰国するのだが、その間のじつに興味深い話が綴られている。

師匠の阿波研造氏から、はじめの一年は呼吸法に専念させられる。弦を引く仕事は両手だけにまかせ、腕と肩の筋肉はどこまでも力が抜けていなければならない。それには丹田呼吸を覚えなさい、と言われた。

「矢をつがえ、高く捧げ、引き絞って満を持して射放つ。各動作は吸気によって始められ、圧し下げられた息をぐっと止めることによって支えられ、呼気によって完了された」

とヘリゲルさんは書いている。初めて読んで、バッティングも同じだ、と思った。バットを構えるとき、吸うのか吐くのか、少しか一杯か、いろいろ研究した。息でもなんでも、意識するようじゃ本物じゃない、と後でわかるのだが、当時はずいぶん悩んだものだった。

若いころは、いいフォームを身につければヒットが打てる、と思っていた。だがやがて、大事なのはフォームではなく、球をとらえるタイミング、〝間〟だ、と気がつく。しかしこれだけは選手に教えられない。

バッティング練習を見ていて、

「そう、それだよ。今のタイミングだ」

とはっきりわかるのだが、言われた選手はピンとこない。バットの先や根っこのボテボテの当たりでも、私が、それだ、というからだ。同じような話がこの本にある。

ヘリゲルさんはくる日もくる日も、2メートル先の巻藁に向かった。何年経っても50メートル先の的は射させてもらえない。弓で一番大事な〝放れ〟を会得していなかったからだ。弓の弦は、親指を含む四本の指で摑む。指を放して矢を射放つ瞬間が放れだ。

「故意に右手を開いてはいけない。執拗に、確実に的にあてようと努力するほど放れに成功しない。あまりに意志的な意志を持っていることが邪魔をする」

あるいは、「積もった雪が竹の笹から落ちるように、射は射手が射放とうと考えぬうちに自ら落ちてこなければならない」。師匠のいうことは難しい。だが、四年が過ぎたある日、稽古を見ていた師匠が言った。

「いま、〝それ〟が射ました」

ついに真の放れを認めてくれたのだ。本物の的に向かう稽古が始まる。しかし真ん中を射ても無言。的をはずしても、「いまのが、正しい射です」と言われる。それから一年。〝放れ〟をものにした彼は、初めて臨んだ段位審査で、いきなり六段に合格してしまうのである。

技というのは一番大事なことは教えられない。弓でも野球でも同じ。選手自ら摑むしかない。

「息を吐きながら、腕や肩の力を抜いて引き絞る。矢は放つのではなく、放れるのだ」

〝放れ〟をトップからの切り返しの〝間〟、タイミングと考えれば、ゴルフに通じる。だが悲しいかな、野球で、これだ、と摑んだ間は、そのままゴルフには通用しない。わかった、と思ってもすぐに逃げて行く。ゴルフの〝放れ〟がどうしても自分のものにできないのは、なんとも悔しいことである。

名匠達の掌で遊べるという幸運

去年は何ラウンドしただろう、とカード入れをめくって見ると、十三回だった。おととしの夏にひざを痛め、コースに復帰したのが六月。月二回のペースだから、うるさいかみさんも、静かな一年だった。

回数が一番多いのは、やはりホームコースの箱根CCだ。いまはカートなしでは回れないから、我孫子や武蔵、霞ケ関など、他の好きなコースには出られない。年に何十回となく通った当時を懐かしく思い出す。ビギナーの頃、メンバーになってよく通ったのは我孫子GCだ。山本増二郎さんや林由郎さんがいた。アウトの8番ロングは、入れるとやっかいなバンカーがフェアウェイ左にある。

「100ヤード残すように、セカンドはアイアンで右に打っていく方がいいですよ」

山本さんが攻め方の基本を教えてくれた。バンカーは林さん直伝である。我孫子はアゴの高いバンカーが多く、砂の質が細かかった。きちっとエクスプロージョンが打てないと、上がらないし、距離も合わない。林さん門下は〝我孫子育ち〟といわれるバンカー巧者が多い。お陰で私も状況にあわせてどんな打ち方でもできるようになった。

その後よく通ったのは武蔵ＣＣだ。とくに豊岡コースは平坦で距離がなく、いつも良いスコアが出るから気に入っていた。バンカーが多くて、煩悩と同じ百八つもあったが、苦にしなかったから印象がいいのだろう。

同じころ、東京よみうりＣＣもよく回った。こちらは距離もあるしアップダウンもある。野球では、足場はつねに平らだ。野球スウィングで打てる前上がりはいいのだが、前下り、前足下がりが苦手で、いいスコアが出なかった。

もっと苦手なのは、あちこちコブだらけで、フェアウェイもグリーンも意地悪くねじ曲がったようなコースだ。戦略性があって面白い、という人もいるが、私程度の技術では歯が立たないからちっとも楽しくない。アイランドグリーンで知られるピート・ダイが造った日本のコースをいくつか回ったことがあるが、また行きたいとは思わない。

反対に、スコアは散々でも、またすぐに回りたいと思うところもある。去年回った中では千葉のニュー南総ＧＣがその一つだ。木々が多くて、ゆったり落ち着いている。ミスすればしっかりペナルティを取られるが、ナイスショットはきちんと報われる。悪いのはコースではなく、全部自分のせい、と納得できる。支配人から、設計は太平洋の御殿場を造った加藤俊輔さんだと聞いた。御殿場も素晴らしいコースである。

自分が気に入っているコースはどんな人が設計したのか、興味が沸いた。好きな順に並べると、1番箱根、2番武蔵、3番が我孫子だ。調べてみたらそれぞれ赤星四郎、井上誠一、赤星六郎さんの設計だった。四郎六郎兄弟は日本ゴルフの草創期、日本アマ、日本オープンでも活躍した。井上さんは、川奈や廣野を設計したイギリス人のアリソンに学んだ。ほかに大洗、龍ヶ崎、東京よみうり、霞ヶ関西コースも設計している。ちなみに東コースは四郎さんの作である。

振り返ってみると、私はビギナーのころ、弟の六郎さんのコースでゴルフを覚えた。そして半世紀後の今は、兄の四郎さんの箱根CCを楽しんでいる。知らないうちに、名設計家たちの手の内で遊ばせてもらっていたことになる。なんと愉快で、なんという幸運であろう。

役者イチローを観て"一体"を思う

正月早々、人気テレビドラマにイチローくんが出演する、というので観てみたら、その堂にいった役者ぶりに驚いた。警部補、古畑任三郎役の田村正和さんを向こうにまわして、殺人犯役を好演したのだ。

映画ならその昔、私も出演したことがある。現役のころには『エノケンのホームラン王』という映画に、巨人軍選手、全員で出演した。引退後間もなく、日活で『川上哲治物語　背番号16』という、私の伝記的映画が企画され、出演した。熊工から一緒に巨人に入った親友の吉原正喜役は、若き日の宍戸錠さんだった。演技はしなくていい、との約束だったのに、私の女房役の新珠三千代さんに向かって、

「ただいま」

と一言せりふをしゃべらされるはめになった。照れくさくてどうしようもなかっ

た。

テレビドラマは、今の大リーガーのイチローそのままの役、ときいていた。だからせいぜい、

「こんにちは、イチローです」

程度のものと思っていたのに、とんでもなかった。芝居は初めて、というのに、もう十年以上も俳優をやっているような堂々たる演技には本当にびっくりした。役者としても天才だ。

プロ野球から俳優、といえば、先輩に板東英二くんがいる。スポーツ選手では、ほかにボクシングのガッツ石松、赤井英和さんなどもいる。だが極めてまれだ。引退後ならともかく、現役の選手がテレビドラマの準主役というのも初めてだろう。それなのに、せりふを完璧に覚えて撮影に臨み、NGもない素晴らしいできだったと聞いて、またびっくりだ。

シーズン中、ライトの守備につきながら、せりふを練習したときもある、とイチロー自ら話していたらしい。まず目標を立て、それにはなにが必要か、と考える彼のこと。周到な準備があったに違いない。今はあまりゴルフはやらないようだが、引退後にでも、熱中しはじめたら、恐るべきゴルファーになることだけは間違いない。

アメリカのテレビに、俳優や映画監督に長時間の真剣なインタビューをする番組

がある。何年か前に、出演したハリソン・フォードが、
「役者で一番大事なのは、役と一体になることだ」
と言っていた。野球も同じだ、と思ったので印象に残った。バッティングなら
〝球〟と一つになること。これが打撃の神髄だ。一体とは、自分と相手との距離が、限りなく接近するということである。自分が球か、球が自分かわからなくなるまで溶け合う。雨や風。自然とも一つになったような、タイガー・ウッズのスーパーショットにも繋がっていく。

イチロー本などによると、彼はオリックス時代の一九九九年にその感覚を摑んでいる。それがなければ一昨年の世界最多安打記録もなかっただろう。

大リーガーのイチローが、殺人犯のイチローを演じる難しさ。それを難なくやってのける彼なら、コーチ、監督も立派にやりとげるだろう。教わる選手と一体になれるし、演技力もあるから、万全である。

同じテレビ番組で、スティーブン・スピルバーグ監督が「演技とは何か」と問われて答えていた。

「人から笑われるのを恐れないことだ。いくらばかにされても、めげずに続ける勇気を持つこと。演技とは勇気だ」

野球にもゴルフにも通じる良い言葉だ、と思った。

人の振り見て我が振り直せ

近所の練習場へ行ったら、入り口で青木功プロとばったり会った。練習を終えて出てきたところだった。

「やあお父さん、相変わらず元気そうですね」

真っ黒に日焼けして、声にも張りがある。彼の事務所が近くにあって、よく来るらしい。

「やあやあ、本当に久しぶり」

チャンピオンズツアーの、ハワイでの開幕戦で三位に入った好調さは知っていた。その後日本に戻って調整しているらしい。

「今年の巨人はどうですか」

「去年より期待できるんじゃないかな」

そんなことより、スウィングをみて欲しかったのだが、帰り際とあって言い出せなかった。

この日は、せがれの貴光と、彼の友人のYくんと三人で練習に来た。最近不調のYくんが、せがれにスウィングをみてくれと頼んだらしい。それを聞いて、二つより、四つの目で見るほうが確かだぞ、と言って私も参加したのである。

Yくんはトップが一定しない。左手首が甲側に折れると、決まってミスショットになる。その指摘だけで、ショットが一変した。さすが、シングル間近の腕前だけのことはある。ついでにせがれもみてやった。これもトップに問題があった。

「切り返しで、右手首が早くほどけてしまう。手首の角度を変えないようにやってみろ」

別人のような強い球が出始めた。低い引っかけ球も止まって、球がよく上がる。

「テークバックが浅いからだと思っていた。手首が動いていたのか。気がつかなかった」

二人はよくなったが、肝心の自分のショットがさっぱりだ。人のことはよく分かるのに、自分のことは自分で直せない。二人がいろいろ言ってくれるのだが、ちっとも良くならない。やっぱり青木プロにみてもらえばよかった。

それはともかく、人の振り見て我が振り直せ。後ろの右手首（レフティの私は左手首）のことである。手首が重要なのは野球も同じ。ゴルフで迷うと野球に戻って考える。いつもの私のスランプ脱出法である。

後ろの手首のコックが早くほどけるとなぜダメなのか。野球もゴルフも、ダウンでは、ひじも手首も最後まで伸ばさずに下ろしてくる。インパクト直前に一気に解放されて、ヘッドが加速する。

チタン全盛の最近は、パーシモン時代の〝ダメ〟はいらない、ヘッドを早めに下ろしていい、と教えられる。そう聞くと、どうしても手首から戻したくなる。それが間違いのもとになる。

スウィングは回転運動だ。コマのように、芯が先に回って外が動く。「中心から外へ」の原則を崩したらスウィングにならなくなる。

早めに下ろすといっても、あくまでひじが先。次が手首の順番なら問題ない。切り返しで、手首が先に動くからスウィングが台無しになる。手首が早く解けると後ろ脇が開く。開けば後ろ肩が突っ込んでドアスウィングになってしまう。

バットは重いから、それほど意識しなくても、手首のコックは解けにくい。だがドライバーの重さはバットの三分の一。グリップはゆるゆるに、ヘッドの重さを感じなさい、と教えられるのは、力んだり打ち急いだりして、後ろ手首が早く動くのを防ぐためのアドバイスだ、と考えられる。

今度また練習場で青木プロをみかけたら、そこのところを、しっかり聞いてみよう。

ディマジオの背番号。真っ直ぐ立つことの意味

「真っすぐ立って、真っすぐ構える」

スウィングはアドレスで七割が決まる、とよく言う。飛球線に対して、足、腰、肩をきちんと平行に構える。基本中の基本だ。だが簡単そうで、これほど難しいものはない。

第一、今の私は、普通に立っていることにかなりの努力がいる。右足首が踏ん張れず、ひざもしっかりしない。構えたらよろける前にさっさと打ってしまいたい。だからどうしてもスウィングが早くなる。ショットが安定するわけがない。

その短い間でさえ、ちゃんと真っすぐ立てているかも怪しい。かかと体重を真っすぐ、と思っていたり、反対に、つま先体重なのに、これでいい、と錯覚しているときがある。1メートル先に目標物をみつけ、しっかり平行に構えたつもりでも、「すごいクローズスタンスですね」と言われてびっくりすることもよくある。

何年か前、レッスンプロの石渡俊彦さんとコンペで一緒になった。スタート前のティグラウンドで、

「川上さん、目をつぶって、あのティマークまで真っすぐ歩いてみて下さい」

と言われてそうした。するとどうだ。はい、と言われて目を開けると、マークははるか右にあった。どんどん左によれていたわけだ。

「右の歩幅のほうが大きいからこうなるんです」

と石渡プロが言った。

とくに私にガタがきている、というのではなく、誰でもクセや個人差があって、そういうことになるらしい。無意識に、目で見て修正しているわけだ。

むかし、奈良の山寺で〝戒壇めぐり〟をしたことがある。真っ暗やみの通路の中を、出口に向かってただ歩く。無心になれ、と教えるためのものらしいが、これが難しい。真っ暗で、天地、左右の感覚がつかめない。手さぐりで周りの壁に触りながら、なんとか脱出した。自分がどれほど視覚に頼っているか、よくわかった。

もっとも、しっかり見ていれば間違わない、ということもない。後ろから飛球線をよく確認し、丁寧に構えたはずなのに、足、腰、肩の線がばらばらだ、と指摘されて驚くことがよくある。目で見た感覚と、実際のずれは想像以上に大きい。プロの試合でも、一打ごとにキャディを後ろに立たせ、方向をチェックしている選手を

よく見かける。真っすぐ立つのは、トッププロでもそれだけ神経をつかうことなのだろう。

ゴルフほどではないが、野球でも、目標に対する構えに気をつかうのは同じだ。イチロー選手のバッターボックスでのしぐさも、真っすぐ構えるためのものだろう。立てたバットを、右手を伸ばして投手方向に差し出す。彼の利き目は右。右目でバットと何かの目標物を結んで、構えを作るのだろう。

若いころ読んだ、ヤンキースのジョー・ディマジオの本に面白い話が載っていた。彼がスランプで苦しんでいたときのこと。
「バッターボックスで構えているとき、いつも見えない背番号が見えるんだけど」
その奥さん、といってもマリリン・モンローではない前夫人の一言で、スランプを脱出した、という話だった。彼女は、いつもスタンドの同じ席に座って試合を観ていたらしい。彼の、年間56試合連続安打は、半世紀以上たった今も破られていない。正しい構えはやはり基本中の基本なのである。

煙草とゴルフ考

今季（06年5月）の丸山茂樹は何かが変だ。予選落ちも多いし、二十位以内にも入れない。持病の背筋痛のせいか、と思っていたら、去年の暮れから禁煙している、という話を聞いた。案外、これが原因かもしれない。

私は今は吸わないが、十年前まで、禁煙してはまたはじめる、を繰り返してきた。熊工の頃に吸いはじめた。今なら大変だが、当時はタバコはそれほど悪者ではなかった。タバコも吸わんで、一人前の男か、と先輩からどやされるような時代だった。入団した巨人軍でも、ほとんどの選手が吸っていた。試合中も、イニングの交代のときにベンチ裏で吸った。地方球場で、ベンチ裏への出入り口がないときは困った。トイレに走っていって、二、三服ふかして急いで戻ってくるという塩梅だった。

今も同じようなものだろう。吸わない選手のほうが多いようだが、吸う人は相変わらず吸っている。体に悪い、とわかっていても、我慢するとイライラして、リズムが崩れて打てない気がしてくる。

昔、ある作家が、禁煙して半年くらい原稿が書けないで困った、という話を何かで読んだ。ショット前のルーティンのように、火をつけてフーッと煙を吐き出す一連の動作が、考えて書く、というリズムと切り離せない関係になっていたのだろう。

私は、選手、監督時代、一度も止めたことがない。だが、六十歳のとき、胃を切ることになった。手術は麻酔をかける。タバコを止めないと、痰がからんで危険です、と脅された。それですっぱり止めた。命にかかわる、となると苦もなく止められるのだからおかしい。

その後十年吸わなかったのだが、あるとき、「タバコは惚け防止にいい」とテレビでやっていた。それっとばかりにまた吸いはじめた。未練があったのだろう。1ミリで軽いから、と言い訳がましく家人に言いつつ、一日二箱も吸うようになってしまったのである。

若いころは安い「ゴールデンバット」だった。好きだったのは「ピース」。両切りのフィルターなし。人指し指と中指がいつも黄色くなっていた。今はどうか知らないが、王貞治くんも、何度も禁煙を繰り返していた。

「一番吸いたい食後を我慢すれば、禁煙なんて簡単です」

とあっさり言う。実際、明日から吸わない、と決めると、平気で一年くらい止めてしまう。彼は禁酒も同じようにできる。ああいう人を本当に意思が強いというのだろう。

ジャック・ニクラスも若いころはコースでタバコを吸っていたらしい。止めたのは、観客が見苦しく思っていることに気がついたからだという。

ダレン・クラークは、昔は葉巻を吸いながらプレーしていた。ほかにも愛煙家は少なくないが、コースでプカプカやっている姿は最近目にしない。野球と違ってベンチ裏がないから大変だろうが、上手にやっているに違いない。

丸山がタバコを止めたのは、いろいろ言われたからだろう。フェアウェイで煙を吐き出すところをテレビで見たことがある。確かにいい気持ちはしない。

タバコは体に悪い。しかし気持ちを落ちつかせてくれる。それも錯覚だ、と嫌煙家にはしかられそうだが、禁煙は、赤ちゃんがおしゃぶりをとられたようなもの。慣れるには時間がかかる。王やニクラスの例もある。丸ちゃんもなんとか早く、自分のリズムを取り戻してもらいたいものである。

第2章

あの人この人、ゴルフ交友録

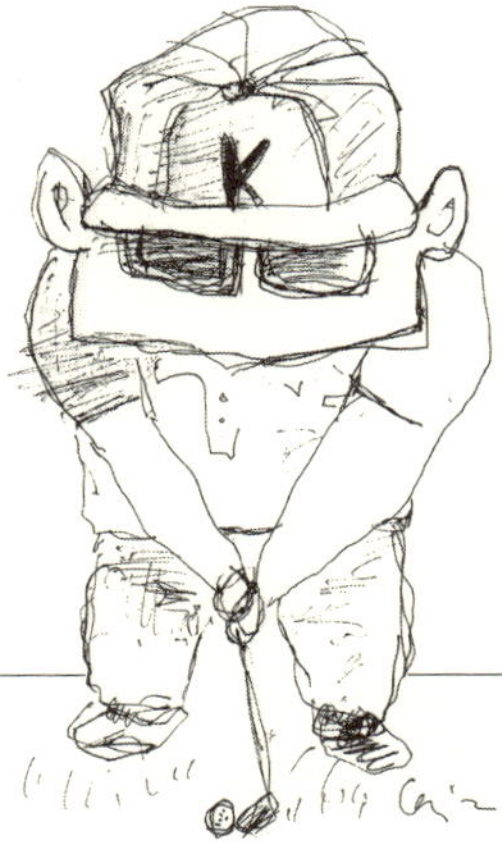

対照的な二人。王のゴルフ、星野のゴルフ

去年（04年）の星野阪神対王ダイエーの日本シリーズはなかなか面白かった。その星野くんと、暮れのコンペで一緒になった。

「お蔭でプロ野球が盛り上がってよかった」

と声をかけると、元気そうな人懐っこい笑顔を返してくれた。

人を知りたければ、一緒にゴルフをやってニギってみるといい、とよく言われる。星野くんとも王くんとも数えきれないほどゴルフをやったが、たしかにそれは当っている。

二人は実に対照的なゴルフをする。勝負事には、隠そうとしても本性がもろに現れてくるから面白い。

王は、豪快でこだわりのないゴルフをする。セカンド・ショットはどんなときでもピンをデッドに狙っていくからほとんどオーバーする。刻んでパーを狙うような

ゴルフはまずやらない。ＯＢを打っても、くよくよしないし、自分の好きなようにゴルフをやっているように見える。

バッティング技術はとことん追求した男なのに、ゴルフとなると、まったくおおらかで淡白だ。

これは麻雀でも同じ。ちょっといい配パイだと手作りに励む。チンイツ、イッツウという綺麗な手が好きだ。相手が満貫をてんぱっているのがみえみえな時でも、自分がてんぱいすると、たとえ千点の手でも構わず向かっていく。満貫を振り込んでも、あまり悔しそうな顔も見せない。

三振を恐れないいかにもホームラン・バッターと言えるが、野球以外はしょせん遊びだ、という人生観が見えてくる。

一方の星野はもっとねちっこい。スコアにも賭の勝負にもとことんこだわる。王や私に比べて格段にゴルフが上手いこともあって、ちょっと調子が出ないとギリギリ言って悔しがる。血圧が上がるのも無理はない。

何年か前に、事故で首を痛めてから少し腕が落ちたが、それまでは手がつけられないほど上手かった。ドライバーは無茶苦茶飛ぶし、アプローチやパットなどの小技にもすきがない。

ハンディを出している私に負けたりすると、やんちゃ坊主がふてくされるような態度をみせて、私を笑わせ、喜ばせてくれたものだ。

だがそれも一時のことで、一緒に回っている人を絶対に不愉快な気分にはさせない。限度をわきまえている。

試合中にベンチを蹴飛ばしたり、選手を怒鳴りつけたりする光景がテレビに映ったが、あれは多分に計算ずく。彼は本来は優しい男で、自分を鼓舞し、情に流されまい、とわざとやっているとしか思えなかった。

私はというと、この二人よりずっとたちが悪い。王のようにおおらかではないし、星野のように限度をわきまえて怒るなんていう余裕もない。
たとえ百円でも、負けるのは嫌だし、遊びだからまあいいか、やるだけやったんだからしょうがない、という境地にもいまだになれない。力が及ばずに負けたんだから、技術的にも精神的にもまだ何か足りないところがあるはずだ、と考える。
八十も過ぎて、可愛げがない、いいかげんにしろ、とゴルフ仲間からよく皮肉られるが、性分だからこれだけはどうしようもないのである。

天才・戸田藤一郎さんの思い出

テレビを観ていたら、戸田藤一郎さんが活躍していたころの映像が出てきて懐かしかった。天才的なゴルファーで、〝パンチショット〟の先駆けとして知られた戸田さんには忘れられない思い出がある。

あれは、私が三十二、三の頃で、まだゴルフをはじめる前だった。野球のバッティングには、まだちゃんとした打撃理論や技術書がない時代で、亡くなった青田昇くんたちと一緒になって、どうしたらもっといい当たりがでるのかを日々研究していた。

腰を先行させて回し、バットの先を立て気味にしておろしてくる、というような基本は今では野球少年でも知っているが、そんな初歩的な理論すらまだ確かなものではなかった。

その点、ゴルフは進んでいた。ゴルフの理論をバッティングに応用できないものか、と戸田さんに聞きにいったのである。

昭和二十七、八年のその頃、戸田さんは四国の山の上にあるゴルフ場にいた。何県だったか忘れたが、私がオープン戦で近くへ行ったとき、そのゴルフ場の理事長が引き合わせてくれたのだ。

そこで初めてクラブを握って打ってみた。しかし全部空振りでかすりもしない。左打ちのクラブがなかったから慣れない右で打ったせいもあるが、野球ならワンバウンドの位置にある小さな球にどうやって当てたらいいのかさっぱり要領が掴めない。球は止まっているにもかかわらず、だ。戸田さんがたまりかねて言った。

「川上さん。野球のように、球が向うの方から転がってくると思って打ってみたらどうですか」

すると今度は面白いように球に当たるようになった。なるほど名人はいいアドバイスをするものだ、と感心すると同時に、ゴルフへの興味を持った。

次に戸田さんと会ったのは、数年後の大阪・朝日会館だった。

私は左打ちのクラブを手に入れ、すでにゴルフの面白さの虜になっていた。屋上の練習場で打って見せると、

「上手くなったじゃないですか」

と褒めてくれた。そして、

「こういう練習をしてみるといいですよ」

と、戸田さんは手拭いで目隠しをはじめた。

「クラブの長さと球の位置は決まっているんだから大丈夫」

といって目隠しのまま、球を打ち始めた。私は息を呑んで戸田さんの様子を見守った。パチン、パチンと芯に当たるいい音を残して球は真っ直ぐに打ち出されていく。

「こういう風に、体が覚えてしまえば、ゴルフなんて簡単なものですよ」

と目隠しを外しながら戸田さんはこともなげに言った。だが、体で覚えることがどれほど大変なことかを私は野球で体験していた。戸田さんの技術と鍛錬の凄さには本当に驚かされた。

後に監督になった私は同じことを投手の高橋一三くんにさせてみたことがある。

「目をつぶって投げる練習をしてみろ」

名前の通り、彼はワンスリーの多い、コントロールに難のある投手だったが、球の離し所をついには体が覚えて、大成した。

ヒントはどこにでも転がっているものである。そう思って、暇なときは一日中ゴルフチャンネルをつけっぱなしにしている。しかし、家のものからはうるさがられるだけで、ちっともわかってもらえないのが辛いところだ。

青木の我孫子時代から、「ゾーン」体験へ思いが

プロ野球のキャンプがはじまった。風はまだ冷たいが、節分、立春という言葉を聞くだけで、いよいよ新しいシーズン到来という期待にわくわくしてくる。

日本はまだだが、アメリカツアーはスタートした（04年1月）。ワイアラエでのソニーオープンは昔はたしかハワイアンオープンと言っていた。18番ロングで、残り128ヤードのサードショットをカップに直接放り込むイーグルで、青木功が逆転優勝を果たしたシーンは今でも目に焼きついている。これぞプロ、と鳥肌が立ったものだった。

その青木を、最近テレビでみかけた。彼の母校の小学校の生徒たちに授業をする、という番組だった。還暦を過ぎて、なおアメリカシニアツアーに挑戦し続ける現役の引き締まった顔。と、同時に子供たちを見る眼差しの優しさ。実にいい男の顔になっていた。

私がゴルフをはじめたころ、我孫子GCに行くと、まだ若い研修生時代の彼がいた。私のバッグを担いでくれたこともある。粗削りのあんちゃん然とした風貌だったが、ギラギラと燃えるような眼が印象的だった。

テレビには彼が必死で筋トレをしている場面が映し出された。

「どうしたら上手くいくかは、自分で工夫しないといけない。六十になっても、これでいい、ということはないんだよ」

その積み重ねがあのイーグルを生み、今の彼を作りあげたのだろう。

あのショットのときの心理状態を彼に聞いてみたことはないが、なんとなく想像がつく。

いまの言葉で言うならたぶん〝ゾーン〟に入っていたのだろう。最近のスポーツ中継でよく耳にするこの言葉の正確な意味は知らないが、集中の極まった状態、または全くの無我無心の境地を指していうのだろう。

ニクラスの全盛のころ、打ったボールがどう飛んで、どう転がってホールに入るかがイメージ通りに実現する、と話していたのを聞いたことがある。

岡本綾子が似たようなことを言っているのを何かで読んだこともある。彼女はまた、調子のいいときには、インパクトするアイアンのフェースとボールの間に芝の葉が何枚、砂粒が何粒挟まったかまで見えたらしい。

私も現役時代、ピッチャーの投げた球が、打つポイントで止まって見える感覚を経験したことがある。そんな馬鹿なことがあるか、とさんざん言われた。

物理的にはたしかにありえない。だが、嘘だと言われようが、錯覚と思われようが、当の本人にはまざまざとあらわれるリアルな感覚なのである。

王くんはボールの縫い目が見える、と表現していたし、最多安打記録を持つ張本くんからも同じような話を聞いたことがある。前巨人軍監督の堀内くんも、「調子のいいときには指先からキャッチャーミットまで、一本の線が見えるときがあった」

と話しているのを何かで読んだことがある。

ゴルフや野球に限らず、他のどんなスポーツ選手でも、こういう感覚は大なり小なり経験しているはずだ。信じられないようなスーパープレーはこんな瞬間にこそ生まれるものだと思う。

〝超人〟としてのプロらしいプレーが観客を感動させ、ファンを惹きつける。

「心」はまだしも、技も体も老いぼれた私には今はただ若い人達に期待することしかできないのがなんとももやるせない。

ふと庭を見れば、梅がほころんでいる。私の新しいシーズンももうそこまできている。

レフティの有利、不利

近所の練習場に行ったら左打席がふさがっていて三十分も待たされた。空いている右打席が目に入るとやっぱり腹が立つ。左右どちらでも使える打席が増えて、昔より大分ましになったが、それでもレフティにはまだ不利なことが多い。道具もそうだ。左のクラブは増えてはきたが、選択の幅が少ない。本当に欲しいクラブはなかなかみつからない。私は道具には淡白なほうだからいいが、新しいもの好きのレフティ仲間はいつもぶつぶつ文句を言っている。

ゴルフコースも右打ち有利に設計されている、と言われている。スライサーが多いから、右サイドを広く安全にしてプレーの進行を速めるためだと聞いたことがある。

さらに、レッスン番組にしても、ビデオにしても、教えるプロはすべて右利き。レフティは右打ちの体の動きを頭の中で左に翻訳するというやっかいな作業を強いられる。こういうハンディは右打ちの人には分からないだろう。
ボビー・ジョーンズもベン・ホーガンも左利きだったらしいが、ゴルフは右打ちだった。ゴルフは右打ちのほうが有利だ、という定説はそこから生まれた、と聞いたことがある。

だが野球は逆に左利きに有利なスポーツである。本塁打の王、安打の張本、四百勝の金田。日本記録保持者の彼らはみんな左だ。大リーグで大活躍のイチローや松井秀喜を見ても、打者は特に左有利がはっきりしている。

左は右に比べて一塁まで一歩速い。鈍足だった私はずいぶん助かったわけだが、イチローなみの脚があれば、もっと打率が稼げたのに、と悔しく思うこともある。しかし私はもとは右利きだった。五、六歳のころ、右手に大怪我をして半年間右手が使えなかった。キャッチボールでもなんでも左で遊ぶようになり、小学校で野球をはじめたときには自然と左投げ左打ちになっていたのである。

だから左は野球とゴルフだけで、字を書くのも箸やハサミをつかうのも全部右だ。怪我もせず、右利きのままだったら、プロになれなかったかもしれないし、なれても成績を残せなかったかもしれない。人生の幸不幸のタネはどこにあるかわからない。

他のスポーツでは、右左でどれだけ有利不利があるかは知らないが、左利きは多い。サッカー選手も左利きが多く、ワールドカップで活躍した中田浩二もそうだ。相撲ではあの双葉山がそうだったし、大鵬や柏戸、舞の海、貴闘力も左だった。横綱朝青龍も、立ち会い前に勢いよくまわしをぽんぽん叩くのが左手だからたぶん左利きだろう。

私はいま「日本レフティゴルフ協会」の会長を務めている。以前、会報を出したときに左利きの人のことを調べてみたことがあったのである。

協会は、ゴルフではなにかと不便の多いレフティが集まって、ひごろのうさを晴らそうという集まりである。「世界レフティゴルフ協会」に加盟しており、今年で十一年目（04年）に入った。全国に十六の支部があり、会員は千五百人あまり。支部ごとの大会もあれば、年に一度の全国大会もある。

アメリカには今年好調なミケルソンやマスターズに勝ったウィアーもいるが、日本には強いレフティの選手がいないのがちょっと淋しい。我々のお手本ともなり励みともなるレフティが早く現れてほしいといつも思っている。

継続は力なり。気の置けない釣りバカコンペ

今朝早く、太田屋のオヤジさんから電話があった。今年初の「川上会」をいつにするかの相談だった。太田屋は金沢八景にある船宿で、映画『釣りバカ日誌』にも実名でたびたび登場してくる。彼はその遊魚船の船長で二十数年にわたって私にいい釣りをさせてくれている。

「川上会」と名が付くコンペは他にもあるが、太田さんが幹事役のこの会がいちばん長く続いている。季節ごとに年に数回、去年の忘年コンペで83回になった。

腰を悪くしてからはめったに行かなくなってしまったが、昔はゴルフと同じくらいの頻度で釣りにでかけた。ゴルフより熱心だった時もある。

監督を辞めてすぐに日刊スポーツの評論家になった私は、釣りの紙面にも顔を出すようになった。担当記者の長瀬川忠信くんが、『ドンと釣ってみよう』と名付けたコラムは今も続いている。私の貪欲な釣りバカぶりを、面白おかしく記事にして

くれている。

長瀬川くんといっしょに伊豆や千葉方面に毎週のように釣りの取材にでかけるようになった私は、あるとき彼に提案した。

「釣り場の近くにはゴルフ場がある。釣りだけじゃもったいない。ゴルフもしよう」

長瀬川くんはこのひとことで一大決心して、ゴルフを始めた。その「釣り&ゴルフ」が何回か続くうちに、関東各地の釣り船のオヤジさんたちが参加するようになった。年を重ね、今では延べ三百人の会員がいる。

といっても、コンペに集まるのは毎回五十人くらいのものだが、このメンバーが楽しい。船宿の船長さんたちをはじめ、太田さんの船にやってくる釣り好きの人達が中心で、その職業もさまざまだ。

もう亡くなったが、東急の五島昇さんが伊豆に持っていた釣り船の船長をしていた人もいた。会社勤めの人も多いが、他に網元、釣り具屋さん、公認会計士、カラオケ店のオーナー、割烹のおかみ、ゴルフショップの社長、整体師の先生。変わった所では葬儀屋さんや、花屋さんまでそろっている。

葬儀屋のNさんと一緒に回るときはちょっと緊張する。谷に打ち込んだ私が足を滑らせてうっかり転んだりすると、彼の目がキラリと光る。なにしろ、

「川上さんの体型はしっかり計ってありますから、いつでも注文して下さい」

とパーティーで笑わす男だ。反対に、ラウンド中に捻挫したときには、湿布薬とテーピングで助けてくれた整体のM先生という有り難いメンバーもいる。

シングルクラスもいれば、長瀬川くんのようにいつまでたっても初心者のような人もいる。

和気あいあいのプレーも楽しいが、いちばん盛り上がるのはパーティーである。芝生の上ではさえない顔の長瀬川くんだが、ひとたび司会のマイクを握ると水を得た魚と化す。プロ顔負けの名司会者ぶりを発揮するのである。私は昔からスピーチが大嫌いなのだが、気の置けない仲間に、彼の雰囲気作りのお陰もあって、この会だけは心底リラックスして楽しめる。年をとると、なにかと失うことが多くなってくる。その中で長く続いているものがあることは大きな励みになる。
だが、このコンペには、長瀬川くんが優勝するか私がゴルフができなくなったら終わり、という暗黙の了解事項がある。そうならないことを願いつつ、四月の今年初のコンペに向けて調整に汗する毎日なのである。

淑女に負けてなんぞいられない

夕方、女房が上機嫌で帰ってきた。鼻歌交じりだからよほど楽しかったのだろう。

「ああよかったわ。紫吹淳のサヨナラ公演だったのよ」

宝塚の観劇は今の彼女のいちばんの楽しみで、女房の妹と二人で月に二回はでかけていく。

八十の大台に乗った古女房だが、その昔は宝塚歌劇団の華やかな舞台に立っていた。といってもまだぺーぺーのときに私と見合い結婚して辞めてしまったので、たいした役につくことはなかった。

だが、宝塚は面白いところで、体育会的な同窓意識が強く、辞めた後でも絆が強い。全員、宝塚音楽学校の卒業生であることが、強い繋がりのもとになっているのだろう。

そのお蔭で、無骨な私には縁遠い素敵な女性たちと知り合うこともできた。映画監督の新藤兼人さん夫人の故乙羽信子さんと女房は親しかった。亡くなる数年前に、私の蓼科の別荘に訪ねてきて、話をする機会もあった。彼女の最後の映画となった『午後の遺言状』が完成する少し前のころだった。

高島忠夫さんと結婚した寿美花代さんはその昔、東京公演のたびによく我が家に泊まりに来ていた。

時代劇で一世を風靡した、故萬屋錦之介さんの奥さんで、男役のトップスターだった甲にしきさんとはいまもつきあいがある。甲さんは現在、東京宝塚劇場の支配人を務めているが、いまや私のゴルフの最大のライバルである。

甲さんも錦之介さんも昔から巨人ファンで、その頃からつきあいはあったのだが、彼女とゴルフをするようになったのは数年前からだった。共通の友人が主催するコンペで一緒になり、一昨年の十二月、石坂GCで初めて同じ組で回った。

彼女はダンスの名手だったから、下半身が鍛えられているのだろう。ドライバーはよく飛ぶし、アイアンも上手い。

午前中は、私が50、甲さんが53だった。3ストローク差をつけて、すっかり安心していたのがいけなかった。次のハーフで、なんと彼女は47で上がってきた。私は53だった。3ストロークの後れをとってしまったのである。

百人近く集まったそのコンペのパーティーで、彼女は私に勝った喜びを面白可笑しくスピーチした。私は首をすくめてひたすら台風の過ぎるのを待っていたのだが、その日で終わりと思っていた私が甘かった。

「川上さん、女性に負けたんですってね」

「グロスで負けるとさすがにがっくりくるんじゃないですか」

とその後あちこちで冷やかされるようになった。彼女がそこいら中で言いふらしているに違いない、と想像がついた。

「女の私が、あの野球の川上さんに勝ったのよ。どう、凄いでしょう」

無邪気な喜びだったのだろう。

剣には素人の私が『宮本武蔵』や『子連れ狼』の錦之介さんから一本取ったような快感だったと思えば納得がいく。

だが、幸いにも去年の十二月、同じコンペで私は雪辱を果たした。私が45、44。彼女は46、52。完璧な勝利だった。

パーティーでは甲さんのスピーチにいま一つ元気がなかった。負けたのがよほど悔しかったのだろう。だが私が勝っても誰も喜びもしないし、パーティーも盛り上がらない。

時には女性に勝ちを譲るのも紳士のふるまい、と思うこともあるが、今年も甲さんの顔を見たら、やっぱり本気で向かっていく自分が目に見えている。

私など若造の箱根「寿会」コンペ

箱根ＣＣの春の「寿会」競技が、雨のために中止になってしまった。この日を目指して調子を整えてきていたから、残念でたまらない。春秋二回のこの競技はいまの私のいちばんの楽しみだ。八十歳以上の有資格者は二百人ほどだが、参加者はいつも二、三十人くらい。九十五歳の人もいるから、私などまだ若造である。

九十を超えた人が、自分の足でしっかり歩いて回る姿に刺激を受けて以来、ずっと足腰の強化に取り組んできたが、今回はまだカートを離せそうもなかった。次回までには18ホールを全部歩いて回れるようにしておきたい。年をとればゴルフは確実に下手になる。しかし考え方ひとつで、若いころとそう変わらないスコアで回れることが最近やっとわかってきた。ゴルフ仲間にそういうと、

「遅すぎますよ。でもやっと普通の年寄りになったみたいで嬉しいです」

とあきれられたり、冷やかされたり。

六十代までは、パーオンのチャンスがあれば、多少無理しても長いクラブでどんどんグリーンを狙っていった。体は衰えてきても、認めたくない意地もあったし、体力も残っていたからなおさらだった。それでかえって大叩きして墓穴を掘っていた。

七十を過ぎても、ドライバーを飛ばしてグリーンを狙っていくゴルフは相変わらずだったが、スコアはよくなってきた。エージシュートという大きな目標ができたお陰だった。もう一度、技術的な部分を研究し直してみよう、という気力が湧いてきた。

そして練習に励むうちに、こすり打ちの悪い癖も治ってきた。ドライバーは芯に当たる率が高くなり、飛距離も伸びた。進歩した道具のお陰もあっただろうが、エージシュートを七回も達成できたのはその成果だったと思う。

だが、さすがに八十の大台を超えると景色が一変する。野球で鍛えたはずの体力的遺産はゼロに近い。そのうえ腰痛に悩まされるようになった。

〝枯れたゴルフ〟に徹するようになったのはそれからだった。届きそうだと思っても、全部向かっていくようなバカなことはもうしない。

「スリーオンでいいんだぞ」

と自分に言い聞かす。目標は常にエージシュートだから、42・42でいい。ハーフに三つパーを取り、ダボさえ叩かなければ簡単だ、と考えてみる。これでゴルフがぐっと楽になってきた。

長いホールのセカンドショットは、短いクラブで常に花道を狙っていく。左右にクロスバンカーがあれば、絶対に入らないクラブで打つ。ショートホールでも、少し距離があればバンカーを避け、花道の手前から転がすように低い球で攻めていく。

ひところは45・46で90を出るか出ないか、たまに100を打つ、というゴルフだったが、お陰で最近はほぼ90以内におさまるようになってきた。

典型的な年寄りゴルフになったわけだが、それでゴルフがつまらなくなったか、というとそんなことはない。昔はあそこまで飛んだ、この距離ならピッチングで打てたのに、と悲しくなることはたしかにある。

だが、マイナス要因が増えれば増えるほど、それを乗り越えて好結果に繋がったときには若いときには感じなかった大きな満足感がある。上手くなる余地はまだたくさんあるはずだ。

長嶋のプレー、王のプレー

ダイエー（現ソフトバンク）の王監督が、監督千勝を記録したニュースを見て、懐かしく思い出した事がある。

巨人からダイエーに転じた王くんは、はじめは五位、六位と低迷して、福岡のファンから罵声を浴びせられたりして苦しんだ。だが三年目に四位、翌年三位と順位を上げ、五年目には初優勝を果たし、日本一になる。

昨年（03年）も日本一になるなど、さらに五年をかけて、優勝か二位という安定した強いチームを作り上げた。そうか、ダイエーでもう十年か、いかにも彼らしいという感慨が湧いてくる。

王くんには、自分で納得しないとテコでも動かないという頑固なところがあった。例えば先にハシゴを上った私が、下にいる王と長嶋に同時に声をかけるとする。

「俺が先に上ったんだから安全だ。二人ともすぐ上ってこい」

「はい」

というやいなや、一段飛ばしにポンポンと駆け上がって来るのが長嶋だとすると、王は、一段一段、踏みしめながらゆっくりと上がって来る。私を疑っているわけではない。だが、それでも一歩一歩、自分の足で確認しないと気が済まないのだ。

ボール球でも食らいついてヒットにしてしまう、チャンスに強かった長嶋に対し、一本足という型をキッチリ固めてホームランを量産したのが王だった。こんなこともあった。

「王シフトでレフト線はがら空きだ。左を狙えば全部ヒットになる。やってくれんか」

負けが込んで苦しいシーズンのある時、私がそう言うと、

「でも僕は不器用なんで、流し打ちはできないんです」

ウソを言え、頑固なだけだろう、と腹が立った。王はけっこう器用であることを私は知っていた。だがそう言われたらどうしようもなかった。

彼が調子を落としたとき、二本足に戻してみたらどうだ、と言ったときにもこんな答えが返ってきた。

「一本足でホームランを打つのが王貞治なんです」

ガンとして自分のスタイルを変えようとはしなかった。

ところが、ゴルフとなると、別人のようになる。ガンガン飛ばしてスコアにこだわらないおおらかなゴルフをする。

長嶋も、ゴルフでは別人になった。まず、一打一打、打つまでにあきれるほどたっぷり時間をかける。そしてグリーンを狙うにも、絶対にピンをオーバーするような攻め方はしてこない。安全第一なのである。野球では、動物的なカンでプレーすると言われた彼だが、ゴルフでは実に緻密に計算した考えるプレーをするのである。

遊びには本性が現れる、というが、いったいどっちが本当の王と長嶋なのか。私の一般的なイメージは、頑固一徹、不器用で、〝石橋を叩いて、なお渡らない〟と言われた慎重居士、というところだろうか。

慎重な性格は、確かにその通りだ。心配性で気が小さいという性格は子供の頃から変わっていない。だが、生きかたは不器用だが、ことバッティングに関してはむしろ器用なほうだったし、頑固でもなかった。なんでも試してみる好奇心もあるほうだ。ゴルフでも、孫のアドバイスも素直に聞くし、雑誌やビデオを見ていいと思ったことはすぐにやってみる。だが、野球ではうまくいっても、ゴルフとなるとどうしても思うようにいかない。

教え子である王や長嶋に、ゴルフでかなわないということは、なんとも悔しい限りなのである。

気が優しすぎる勝負師たちのドラマ

今度こそ綱取りだ、と期待していた大関魁皇が、九州場所（04年11月）の初日にあっさりと負けてしまった。またか、とがっかりするやら歯がゆいやら。重圧と緊張で金縛りにあったように体がこちこちで動かないのがはっきりわかった。

魁皇がまだ関脇だったころ、東京湾で一緒に釣りをしたことがある。私はゴルフと同じくらい、釣りが好きだが、彼も負けていなかった。10センチくらいのアジが釣れても大喜び。大きな手と太い指で小さな魚をつかんでハリを外す様子は、見ていてなんとも微笑ましかった。人の好さと優しさのある人柄。同じ九州出身ということもあって、

「期待しているから、頑張って横綱になってくれよ」

と励ました。それ以来ひそかに応援しているのだが、ここぞというところにくるといつもずっこける。心にもう少し強いものがあれば、とっくに横綱になっていて

もおかしくない人なのに。なんとかならんか、ともどかしくてしかたがない。

「オレは強い。オレは負けない。オレは横綱だ」と書いた紙を壁にでも張って、毎日何百回か大きな声で唱えたらどうか、と言いたくなる。

ゴルフでも、いつも上位には入るが、優勝できないという選手がいる。表純子という女子プロがそうだ。何度も優勝争いにからむのに、どうしても優勝に手が届かない。やはり気が優しすぎるのだろうか。二位が9回もある。体力もあるしスウィングもいい。師匠は岡本綾子と聞いたが、どんなに歯がゆく思っていることか。

野球で思い出すのは、旧阪急ブレーブスの今井雄太郎というピッチャーだ。彼は70年にドラフト二位で入団した。ブルペンでは、当時のエース、山田久志を凌ぐ剛球を投げるのに、マウンドではその力を半分も発揮できなかった。七年間でたったの七勝。翌日が先発となると、食事も喉を通らないほど緊張した。チームの誰からも、いつしか、
「雄ちゃんは、人はいいけど気が弱い」

と見られるようになっていた。78年のシーズン半ばのある日、梶本コーチがその日先発予定の今井を呼び寄せて言った。

「さあ、俺の目の前でこのビールを飲め」

プレーボールの直前だった。今井はびっくりした。だが新潟出身で根っからの酒好き、一気にグラスのビールを飲み干した。

結果は完投して勝利投手。それからの彼は、別人のようなピッチングで勝ち星を重ねる。気がつくとビールはいらなくなっていた。そして八月三十一日、仙台球場でロッテ相手に完全試合を達成してしまった。ちょうどその日、私はNHKラジオの中継席で解説していたからよく覚えている。結局その年13勝をあげ、その後も20勝をマークするなど、十数年間、阪急の中心投手として活躍した。

私は人が好いほうではない。だが、子どもの頃から心配性で気が小さかった。喧嘩は強かったが、弱さを見せまいと、わざと強がっていたところがある。プロに入っても、打てなかったらどうしよう、負けたらどうしよう、といつも不安に苛まれていた。必死で練習したのは、その苦しみから逃れたい一心からだった。壁を破るには、結局は技術を磨いて自信をつけるしかないと思うが、今井選手のように、ちょっとしたきっかけで突き抜けることもある。さて、本稿が出るころ、魁皇はどうなっているだろう。

「釣りバカ」「ゴルフバカ」の共通語

〝釣りバカコンペ〟の忘年会で、久しぶりに会った釣り名人のKさんと話が弾んだ。忘年コンペの後、船宿「太田屋」の屋形船に場所を移しての表彰式は毎年恒例。コンペには出られなかったが、釣れたての刺し身や天ぷらを存分に楽しんだ。

「ずいぶん一緒に釣りしてませんね」

Kさんが言った。腰痛ひざ痛で、一年近く一緒に釣りに出ていない。私も残念でたまらない。

「この時期はいつも、正月用のタイを狙ったもんですね」

「そうそう。でも君の技術は本当に凄い」

「いやいや」

彼は、私が一匹も釣れないときでも、必ず釣り上げる技術を持っている。

「コツは、想像力。餌の付いたハリの先で、魚がどんな様子で泳いでいるかが見えなくてはだめだ、と言っていたよね」

「確かに。この時期の東京湾で、この時間、潮の流れ、この温度なら、ハリと糸はこれ、オモリ、ハリスの長さ、全部計算して糸を下ろします。それではじめて想像力が働くんです」

「ゴルフでも、素振りのときに球の行方が想像できないようだと一流じゃない、というけど、その辺は同じだね」

「釣り竿もゴルフのシャフトも同じカーボンで、使い方も似てますしね」

彼は釣り竿づくりの名人で、その会社も経営している。

「どんな球を打ちたいかでシャフトも違うように、竿にも硬い、軟らかい、先調子、手元調子とあるでしょ。要は、餌を狙う魚が、餌の動きに不自然さを感じないようにハリ先を扱うことが大事なんです」

「『あれー、なんで俺はこんなところにいるのか』と釣り上げられた魚が言うような、釣られたことさえ気づかせない釣り方が理想だ、と言っていたよね」

「ゴルフでも、気がついたら球がカップに入っていた、というショットができれば楽しいと思いませんか」

Kさんはこの会で何度も優勝している。ゴルフもシングル級の腕前なのだ。

「そういえば、同じタイ釣りでも、地方地方で、へーッこんな釣り方があるんだ、と思うことがあるよね」

　すると彼は言った。

「そこの釣り方でないと実際に釣れないんですよ。魚の習性や気質が違うんですね。瀬戸内海の鳴門の方では、ビニール片だけで釣ったりします。潮の流れが速くて、生きた餌と間違えてくれる」

「芝の性質やグリーンの作り方でも関東、関西でずいぶん違う。そんなところもゴルフと釣りはよく似ているよ」

「上手な人の話をよく聞いて、しっかり練習して基本を身につける。なんでも同じですね。それと、ゴルフも釣りも、前の日はなかなか寝つけませんね。どんな道具や仕掛けで、どんな風に攻めようか、と目がさえてきます」

「前の日にたくさん釣った人から、仕掛けや餌はどうしたか、などと情報を仕入れたりもするしね」

「たくさん釣れれば釣れたで、また行きたい。釣れなければ、コンチクショー、今度こそ、とまたでかけて行く」

「それもゴルフと同じ。なかなかこれでいい、ということはないですね」

「だからやめられないんだよ」

　どうやら今年も、色々理由をつけてはでかけて行く一年になりそうである。

恒例の巨人「V9会」コンペで涙

去年の暮れの「V9会」(04年) コンペで、久しぶりにみんなと逢えて楽しかった。

V9会は、九連覇の苦楽をともにした仲間同志、年に一度はこの中津川CCに集まろう、と始まった。もちろん、一年でも連覇にかかわった者は全員が有資格者。三十年近く続いている。日本シリーズで勝った翌日は、何があっても、中津川での祝勝コンペ、と決まっていた。

「明日は八時半スタートだぞ」

酒の匂いをプンプンさせ、真っ赤な目をこすりながら集まったものだった。名マネジャーだった山崎くんと、中津川の支配人が友人で、無理難題をきいてもらえた。1番ホール周辺に並んで植えられている、優勝記念の九本の植樹を見るたびに、そんな日々を懐かしく思い出す。

この日は、ひざ痛で私はプレーできなかったが、パーティーに駆けつけたのだ。

コーチだった荒川博、国松彰、中村稔、町田行彦くんたちをはじめ、柴田勲、土井正三、河埜和正、そして〃八時半の男〃の宮田征典（06年物故）くんなど、二十数名が顔をみせてくれた。

三十年の間に、牧野（茂）、中尾（碩志）、滝（安治）くんなど、亡くなった人もいる。藤田元司（06年物故）くんや武宮敏明くんもこの会の常連だったが、あちこちガタがきて思うようにゴルフができなくなってしまった。

柴田がおかしな歩き方でコンペルームに入ってきた。

「オヤジさんと同じで、腰を悪くしましてね、今日も痛み止めの座薬を入れてやったんです」

「お前も年じゃな」

メイプルポイントGCのクラチャンを獲るなど、このコンペ一の腕前を誇った彼も六十一歳。みんな年をとったのだ。

「僕も何年か前に腰をやったんですが、なぜか自然に治ってしまったんです」

と柴田の隣に座った土井が言った。柴田より二つ年上だが、38、36のベスグロ優勝は見事だった。この日が年間112回目のラウンドと聞いて、納得するやら、あきれるやら。その土井が、優勝者スピーチで言った。

「こうしてみんなの顔を見ていると、改めて、俺たちは凄いことをやったんだ、と思います。そういう誇りが、今でも自分を支えてくれている。年ごとにその思いが強くなります」

彼は、小さな体ながら、九連覇のセカンドを守り抜き、頭脳的な小技で野球の底の深さをファンにアピールしてくれた。

ハイ、と手を挙げて立ち上がったのは捕手の阿野鉱二くんだった。森（祇晶）くんの影に隠れて、大活躍はならなかったが、V9の後半の四年間一緒だった。

「クビになったときは、どうしようと思いました。でも、今は建築関係の仕事で順調にやっています。あのとき教わったことが、今も僕の支えです。とくに監督がいつも言われていた『キャッチボールの心』です。まず、自分から、相手の捕りやすいところに投げるのが野球の基本だよ、と。外に出て苦労してみると、それはどんな仕事でも同じだ、とわかりました。そして辛いときでも声を出して最後まで諦めないで頑張る。それで今日までやってこれました」

大きな拍手が沸き上がった。私も涙が出るほど嬉しかった。選手は、引退後の人生のほうが長い。引退後も、ちゃんとした社会人として生きてほしい。この会を作った意味も、続けていく意味もそこにある。

来年はプレーして下さいよ、とみんなが言ってくれた。私もまた支えられているのである。

生き方の全てを教えてもらった師との絆

チャンネルをいじっていたら、偶然、自分の顔がテレビ画面に大写しになった。その横に、

『氷を溶かして水にする』

という文字が大きく映し出されている。女性アナと話していたのは、白石豊さんという福島大学教授で、

「川上さんの著書の中に、この言葉がありました。現役引退後、禅寺の老師から教えられたそうです」

と言っていた。プロスポーツ選手の座右の銘を紹介し、一つの言葉とその選手とのかかわりを探るNHKの番組だった。

白石先生はメンタルトレーナーとして知られ、シドニーオリンピックの選手たちのメンタルコーチも務めた人である。

「氷を溶かして水にするようにしないとだめだ」

と老師から言われたのは、私が現役引退を決めた年のことだった。寺を訪ねた私は、選手としてどんな努力をし、どんな成績を残してきたかを説明した。老師は、野球のことはなにもご存じなかった。黙って聞いていた老師が、最後に言われたのがこの言葉だったのである。

たしかにあんたは選手としては立派かもしれない。だが、今のあんたは氷じゃな。氷では顔も洗えないし、お茶も飲めない。しかし、水に溶ければどんな器にも融合し、その場その場、どのようにでも役に立つ。

オレがオレが、に凝り固まった頭を溶かして、指導者としてのあるべき姿を考えなさい、と教えられたのである。

たしかに、私は自分のことしか考えない、傲慢な選手だった。四番打者の私は、一人二、三分の持ち時間しかない試合前の練習で、その何倍もの時間、ケージを独占した。当然のことながら、他の選手の練習時間が少なくなる。だが、俺が打つからチームが勝つんだ、と思って平然としていた。そんな心のままでは、将来コーチや監督なんてできるわけがない、とゴツンと頭を叩かれたのである。

番組の中で、白石先生が、日ハムの江尻慎太郎投手を指導していた。「前後裁断」という言葉を使って、マウンド上での心のありかたを教えている。野球でいうなら、過ぎたことをくよくよせず、先のことも心配するな。今ここ、この一球にだけ集中しろ、という意味だろうか。

二人のやりとりを見ていて、若いころの自分と、老師のことを思い出す。老師からは生きかたの全て、物事の正しいとらえ方を教えていただいた。いまでいう、最強のメンタルコーチでもあったわけだ。選手時代に出会っていたら、もっと凄い選手になれたのに、と残念に思ったことを覚えている。

そんな私のころに比べると、今の選手は恵まれている。野球でもゴルフでも、技術以外に、メンタル、コンディショニング、トレーニング、栄養面に至るまで、優秀な専門家がいてくれる。求めれば、いくらでも向上できる環境が整っている。

実際、アニカ・ソレンスタムの大活躍の裏には、ピア・ニールソンという優れた女性メンタルコーチの存在があることが知られている。以前、週刊ゴルフダイジェストで特集もしていたし、テレビで観たこともある。いかにも人徳のありそうな風貌で、話も面白かった。

いまやほとんどの選手にコーチがついている。だが、本当の力に繋げられるかどうかは、絆の深さと関係してくる。最近読んだ本に書いてあった。

「たとえ師の言葉に従って地獄に落ちたとしても構わない」

親鸞が、その師法然について語った言葉だそうである。

女子プロ界盛況。樋口久子さんの手腕に拍手

女子ゴルフの第一回ワールドカップ（05年2月）で、宮里・北田のペアが見事に優勝した。

彼女たちと一緒に涙を流す樋口久子さんの姿に、思わず胸が熱くなった。日本女子プロゴルフ協会会長の樋口さんは往年の大選手。日本人として、ただ独り米ツアーのメジャー大会の優勝者である。

世界大会に二人を送り出した〝監督〟の立場としても、どんなに感激し、誇らしかったことだろう。日本シリーズで、監督として初めての優勝を決めたとき、夢じゃないかと思った昔の私とだぶってみえて仕方がなかった。

丸山・伊沢で勝った男子W杯も、国別対抗の団体戦。さらに、米、欧で争うライダーカップとなるとより団体競技的要素が強くなってくる。ライダーカップでは、監督役のキャプテンが、組み合わせを考え、チーム戦略を練り、采配をふるう。選

手も、チームの勝利のために一丸となって協力して戦う。

「『チームは監督で九割決まる、と川上さんが言っていたが、私も同感だ』と伊藤忠の丹羽会長がテレビで発言していたのを見ました」

と、このあいだある知人が教えてくれた。たしかに、団体や組織はトップに立つ人の力次第だと私は思っている。が、じつは私こそ財界の偉い人たちからそう教わったのである。大の巨人ファンで、選手の頃から私を応援して下さった、野村證券の瀬川美能留さんは、

「株は、社長を見て買う、ということを覚えておきなさい。目先の損得で売り買いしないこと。社長が立派なら、じっと持っていれば必ず上がる」

とおっしゃった。さらに、

「社長になって、一番先に考えたのは、次の社長を誰にするか、ということだ。それを間違わなければ会社は安泰だ」

同じ話を、財界鞍馬天狗といわれた元興銀の中山素平さんや、リコー創業者の市村清さんなど錚々たる大経営者の方々から直接うかがうことができた。幸運なことだったと思う。

長い間、日本の女子プロの試合はどんぐりの背比べでちっとも面白くなかった。実際、テレビ視聴率も2、3パーセントに低迷し、スポンサー離れも激しかったよ

うだ。

そこに現れたのが、宮里藍だった。私と同じ熊本出身の不動裕理を応援して、この数年は以前よりテレビ中継を観るようになってはいた。だが、がぜん目が離せなくなったのは、何といっても藍ちゃんが登場したからだ。宮里と不動の賞金女王争いとなった去年（05年）の最終戦、ツアー選手権は、なんと12パーセント近い視聴率を叩き出した。

なぜ女子プロが急に元気になったのか、そのころ新聞に出ていた記事を読んで納得した。記事は、樋口会長の地道な努力を伝えていた。

彼女が会長に就任した七年前から、改革は始まっていた。まず、それまで制限つきだった、アマがプロの試合に出られる枠を取り払った。若い人に経験を積ませる場を広げたのだ。そこで優勝すれば、すぐにプロ登録できるように規約も改める。そして会長自らジュニア選手を指導して全国を回った。去年、宮里の他に、八人もの若手の初優勝選手が生まれたのも決して偶然ではない。さらに、選手たちにスポンサーやファンサービスを徹底させ、挨拶を始めとする礼儀も再教育したのだという。

創立七十周年の去年、プロ野球界は、大揺れに揺れた。樋口さんの手腕を見るにつけ、リーダー不在の野球界の迷走ぶりがなんとも情けなく思えてくる。

中部銀次郎さんにお会いしたかった

週刊ゴルフダイジェスト連載の『銀のゴルフ』を読むと、中部銀次郎さんがどんなに凄いプレーヤーだったかがわかる。レフティ仲間とそんな話をしていたら、

「そういえば、昔、中部さんが川上さんのことを雑誌に書いている記事を読みました」

と、後でコピーを送ってきてくれた。いつ頃の、どんな雑誌かはわからなかったが、中部さんはこう筆をすすめている。

「担当記者が、元巨人軍監督の川上哲治氏から聞いてきた話を書いてみたい。（中略）

『私は現役中に2000本以上ものヒットを打ってきた。しかし、ただの一本も、同じところへ、同じ打ち方ができたことがない。その一本一本、これがみんな違った種類のものなんだな。今でこそ思い残すことなく全部やったという実感はある。

しかし、現役中、満足感なんか、一度もなかった。もし、どこかで満足していたら、そのとき、その場所で私は終わっていたでしょう。それは苦しいですよ。挫折と苦しみの毎日といっていいですね。でも、それを乗り越えなくては、何もならないし、何もできない』

川上さんばかりでなく、ひとつの道を極めた人は、みな同じである。私は、この川上さんの話を聞いたときに全く同感であったし、実際、私は川上さんには一度もおめにかかったことはないが、おそらく酒をひと晩中飲みながら話をしても、終わらないだろう。いや、ひょっとしたら、何も話をする必要もないかもしれない」

読んでみて、中部さんという人がさらによくわかった。

正直いって、「いやーっ、最高の当たりだった」と飛び上がりたくなることは何度もあった。

しかし、すぐ次に備えなくてはならない。いつまでもいい気分に浸ってはいられない。〝満足感なんて一度もない〟というのはそういう意味である。今より、さらに次の一打、と先へ先へと考える。一つ終わればすぐ次に集中する。技術屋の〝性〟とでも言ったらいいのか。

根っこに当たっても、ヒットならファンは大喜びしてくれる。だが、自分ではちっとも嬉しくない。運がよかっただけじゃないか。反対に、カーンと、手応えがあったのに、野手の正面へ飛んでアウトになっても、そのほうがずっと満足できる。経過も含めて本当に納得できるかどうか。それがプロ意識だろう。ところが、ゴルフとなるとどうしても甘くなる。

「あのときの、あの会心の当たりが出れば大丈夫だ」

十に一つのラッキーショットにかけてしまう。

ショートしたらバンカーや池、というときでも、上手くいった時のことしか頭にない。そこがアマチュアだ。

仕事柄、アメリカのPGAの役員と付き合いのある友人のKさんからこんな話を聞いた。

「アメリカは、シングルハンディを与えることに凄く厳しい。五割以下の確率しかないのに、林の狭い木の間を狙っていくような人はまずだめです。たまたま上手くいけばパー、だめなら大叩き、ではスコアが良くてもシングルはもらえません」

一打の重みを知ってはじめて上級者、ということだろう。

『銀のゴルフ』には、彼の息子がロングホールのツーオンに成功したのに、叱りつける場面が載っていた。確率の低いショットを諫めたのである。アマチュアながら、並のプロも真似できない厳しさでゴルフと向き合ったのが中部さんの凄さなのだろう。生前にお会いできなかったのが、なんとも残念だ。

「間」のとり方を学んだ歌舞伎・名人上手

「足首を捻挫した途端に松井が打ち始めました。川上さんが言っていた通りですね」

ゴルフ仲間で、小コラムの愛読者のTさんから電話があった。前に宮里藍の例を引いて、体調不良のときに思わぬ好結果が出ることがある、と書いたのを覚えてくれていた。

ヤンキースの松井秀喜は六月半ば（05年）、右足首を捻挫した。ケガは軽く、休まずDHで出場。すると、ホームランは打つ、十二試合連続安打したりで、二割六分の打率をあっという間に三割に乗せてしまった。絵に描いたような怪我の功名ぶりだった。

苦しんでいた五月、松井は、

「体が前へ突っ込んで、打つべきでない球に反応してしまう」

と原因を分析していた。捻挫のあとは、その突っ込みがきれいに消えた。足をかばって、踏み込む右足に体重がかけられない。結果的に軸足にきっちり体重が残り、ポイントまで球をしっかり引きつけられる。自分の〝間〟が戻ったのである。なんとかしよう、と焦っていたものが、ケガで動けず、かえっていい気分転換もできたようだ。一方、マリナーズのイチローは〝間〟を見失ったままだ。四月に三割五分七厘も打ったのに、六月は三割を切ってしまった。チームの不振に引きずられるように、五月ごろから強引なボール打ちが目立ってきた。もともと四球よりヒットを打ちたいタイプ。ワンバウンドでもヒットする技術があるからなおさらだ。

シーズン最多安打記録の去年は、体が泳いでも、上体だけは突っ込まずに残り、インパクトの瞬間まで〝間〟がとれていた。しかし今は体全体が泳ぎ、本来のタイミングがとれていない。

水原（茂）監督のコーチをしているころだから、もう半世紀も前になる。晩年は名解説者として知られた小西得郎さんが、歌舞伎の市川左団次さんや、尾上松緑さんたちと親しく、水原さんと一緒に柳橋の料亭に何度か呼んでくれた。座談の名手

だった左団次さんから、興味深い芸談をよく聞かせてもらった。「六代目の菊五郎さんがいつも言っておりました。『芝居は要するに間なんだよ。だから間の抜けたやつはダイコン、間抜けっていうんだ』。間だけは絶対に人に教えられない。だから俺の芝居を見て盗め、とよく言っていました」

菊五郎さんは、『まだ足りぬ　踊り踊りて　あの世まで』の辞世でも知られる、近代の名優と言われた人である。そういう席ではまた、世阿弥の『花伝書』や『花鏡』という本の話、「一調二機三声」「序破急」という言葉も飛び交った。難しいことはともかく、バッティングの〝間〟も、歌舞伎の謡や芝居の〝間〟も難しさは同じだ、ということだけはよくわかった。

最近のゴルフでその〝間抜け〟ぶりをひしひしと感じている。というのも、つい数日前、箱根CCで103を叩いた。九カ月ぶりのラウンドより3つも悪い。前回よかった得意のドライバーがぜんぜんダメだった。理由ははっきりしている。前回は、右ひざの回復かげんがわからないので恐る恐る打っていた。松井の右足首と同じ。前足に体重が流れないから突っ込まない。結果的にいい〝間〟ができていた。

ところが、ラウンド後、ひざも腰もなんともなかったから、今度は欲をかいて振り回しすぎたのである。捕まえた、と思って安心していたら、スルリと逃げていく。菊五郎の、「まだ足りぬ」は、そういう〝間〟の難しさを伝えているのだろう。

米国帰りのKさんに、逆転された理由

久しぶりに会って食事した友人のKさんが、ハンディ7に腕を上げた、と嬉しそうに言った。

「5まではなりますよ。ゴルフは六十からですよ」

Kさんは、私が野球解説者になったとき、放送局の担当ディレクターだった。初心者の彼は、どんなにハンディをあげても、私に勝てない。歯を食いしばって向かってくるのだが、いつも返り討ちにあっていた。

しかしKさんが海外のスポーツ番組の放送権を扱う会社に移って事態が一変した。アメリカへ出張しては、仲良くなった米PGAのプロ達と頻繁にゴルフをするようになった。めきめき腕を上げた。そのうち、どんなにハンディをもらっても、すっかり彼には勝てなくなってしまったのである。

「ドライバーはまあまあだけど、他はまるでだめ。このあいだも60近く叩いて、スコアカードも捨ててきた。

体重はこう、腰をこう回して、シャフトを立てて下ろす、というように、本やビデオで研究しとるんだがなあ」

とぼやいてみせると、

「少し考え過ぎじゃないですか。ＰＧＡのプロたちは、『アマチュアが一番難しくゴルフをやっている』といって笑います。彼らはあれこれ沢山言いません。なによりも大事なのはビハインド・ザ・ボール。重たい頭がスウィングのじゃまをしないように工夫すること。

例えばボールの内側の後ろの方の一点を見て打つクセをつけるのもいい。それと、テークバックのときに、右手の人指し指と親指に力を入れないこと。後ろ足に体重を移してテークバックを始めたら、あとはリズムよくサッと振り抜くだけだ、と。もっとシンプルに考えたほうがいいですよ」

「ただでさえ動きの悪い体が、それでますますスムーズにいかんのかもしれんな。ヤンキースの松井が、『シンプルなものは狂いが出にくい』と新聞でしゃれたことを言っていた。来た球をただ打つだけ。野球じゃできたんだけどな」

「道具もそう。『あなたはプロより難しい道具を使っている、一番よく当たるクラブのシャフトと同じもので他のクラブも揃えなさい』といわれました」

「ぼくのウッドはメーカーからして全部ばらばらだ」

「市販のをそのまま使うから、バランスや硬さもまちまち。慣れよう慣れようとして打っても上手く飛ぶわけがない、というんです。逆にプロはいろいろ試して、真っすぐ行くクラブをバッグに入れる。

例えば、50ヤードをサンドで打って60行っちゃった。自分のイメージより飛びすぎるなら、『ちょっとロフトを開いてよ』とクラブのせいにしてサービスマンに直させる。アマはそういうわけにいきませんが、ゴルフをもっと易しく考えることはできますもんね」

「そういえば丸山茂樹が、『クラブでも打ち方でも、易しい方を選ぶ方がいい。アメリカでは、ユーティリティやフェアウェイウッドで転がすアプローチをする人が多い。余計な気を使わない方が、体もリラックスして結果もいい』とテレビ番組で言っていた。Kさん、今日はいい話をきかせてもらった」

送られてくる雑誌でもなんでも、読めばすぐに試してみたくなる。たしかに頭でっかちになっていた。子供のころ、メンコやラムネ（ビーだま）、コマ回しなどに夢中になった。手はここ、肩がこう、など考えもしなかった。それで結構強かったし、十分楽しめた。60も叩くようだと、次はそんな気分でやってみるしかないだろう。

名参謀の訓示の声が聞こえてくる

「牧野コーチの面白いエピソードが載っていました」

と友人が『コラムばか一代』という本を届けてくれた。著者の石井英夫さんは、産経新聞で「産経抄」を書いていた人だ。昭和三十八年、というから、私の監督三年目、石井さんはヘッドコーチの牧野茂くんを多摩川グラウンドに取材した。新人たちに、打撃の講義をしていた牧野くんは言った。

「一つ、バットを短く振れ。二つ、バットを鋭く振れ。三つ、バットを素直に振れ。この三つを守ってボールにジャストミートさせれば、ボールは必ず野手と野手の間を抜けてヒットになる！」

石井さんはこう綴っている。

「早春の冷たい風の吹く多摩川球場の片隅でこの話を取材していた私は、瞬間、これは文章がうまくなる〝三つの原則〟ではあるまいかと直感したのである。このバットをペン（筆）に置き替えてみればいい。つまり、一つ、ペンを短く書く。二つ、ペンを鋭く書く。三つ、ペンを素直に書く、である」

さすがだ、と思った。石井さんは「産経抄」で菊地寛賞を受賞している。読売新聞運動部で名文家として鳴らしたSさんから、石井さんのことは聞いていた。バッティングがさほど得意でなかった牧野くんが、そんな高級な〝訓示〟を垂れていたことは初めて知った。へえ、と驚いたのだが、それ以上に、野球を瞬時に自分の仕事に結びつけた石井さん、やはり若いころからただものではなかった。

本のなかで、石井さんが新人記者に講義して、「記者にとって、何が一番必要か」と問う話がある。それは、

「飽くなき好奇心、と想像力」

と石井さんは書いていた。ふむと唸ってしまった。いい野球選手の条件そのものじゃないか、と思ったのである。

好奇心といっても、野球の場合は、どう打ち、どう投げるか、まだ奥があるはずだ、という探究心、研究心と言ったほうがいいかもしれない。

そして想像力だ。V9時代の柴田勲くんは、江夏豊くんのフォークとストレートを、投げる前から判別できた。振りかぶったときに何かを感じるらしい。ほら、今のがそうです、と言われても、誰も見分けられない。不思議な能力だった。全盛期

の江夏は、王、長嶋でも簡単には打てなかった。そんなころ、柴田に四番を打たせたことがある。

「いいか今日は四番だ。フォークは打つな。真っすぐを狙え」

柴田は本当にホームランを打ち、甲子園での大事な試合をものにすることができた。

野村克也くんが南海（現ソフトバンク）のプレーイングマネジャーだったとき、日本シリーズで対戦した。バントは見抜かれるし、エンドランも外される。マスクを被っていた野村くんに全部読まれていたのだ。あとで彼と仲のよかった森祇晶くんに、何でなのかを聞いてもらった。

「何となく選手のちょっとしたそぶりでわかるらしいんです」

こういう選手がそろうとチームは強い。試合の流れを読み、作戦を立てるのは監督の仕事だが、選手一人一人に想像力があれば、チンといえばカン、で試合が運ぶ。監督の頭の中まで読んでくれるから話が早いのだ。

それにしても、名参謀として支えてくれた牧野くんの言葉には、なんと普遍性のあることか。

一つ、ショットは短く振れ。二つ、ショットを鋭く振れ。三つ、ショットを素直に振れ。ゴルフの上手かった彼の声が聞こえてくるようである。

名捕手にみる百芸に通ずる一芸

オールスター明けの七月二十三日（05年）、森祇晶くんの野球殿堂入りを祝う会があった。

言うまでもなくV9の名キャッチャー。引退後はヤクルト、西武のコーチを経て西武監督として花開いた。九年間で五連覇を含む八度のリーグ優勝。うち六回が日本一。遅すぎるくらいの受賞だった。

彼が入団してきたとき、私はまだ現役で、水原茂さんが監督だった。強肩強打の藤尾茂くんが正捕手で、新人、森の出る幕はない。強肩だが足は遅く、バッティングもパッとしない。これほど長く野球界で活躍することなど想像もできなかった。

だが、四年後には藤尾からレギュラーの座を奪い取ってしまう。近代野球をいち早く導入しようとしていた水原さんが、才能を見抜いたのである。ただ打って投げる野球から、頭を使って考えて勝つ野球。水原さんも、後に監督を引き継いだ私も

〝野球学博士〟と言われた彼の頭の回転、インサイドワークの素晴らしさにどんなに助けられたかわからない。強打の大型新人捕手が次々と入団してきたが、誰一人森を越えることはできなかった。森は持ち味のインサイドワークをさらに磨き上げることで、チームになくてはならない選手になったのだった。

会場で流されたユニフォーム姿の彼の映像を懐かしく観るうちに、先日、伊藤忠商事会長の丹羽宇一郎さんと意気投合したことをふと思い出した。食事しながら、「一芸に秀でたもの百芸に通ず」という言葉は、まったくその通りですね、と意見が一致したのだった。

「人事や経理、総務でも営業でも何でもいい。仕事は違っても、××部に○○有り、と言われるような人は、他に代わってもちゃんと仕事ができる。逆にその部署その部署で一芸に秀でるようでないと、他でも上には行けません」

丹羽さんは、だから企業の就職戦線では、学生時代にスポーツで活躍した卒業生を欲しがるのだ、と言われた。確かに、野球であれば、何とか打ちたい、勝ちたい、と練習し、工夫研究する。甲子園の土を踏み、大学で優勝でもすれば、自信に繋がり、人間としてもますます成長していく。

「この男は仕入れだから、とか営業しかやってないからだめだ、なんてことはない。一つを極めた人は、抜擢すれば大きな仕事でもちゃんとやります」

と丹羽さんは言った。

まさに、森がその好例だろう。バッティングでも、守備、走塁でも並の選手。〝器〟そのものは決して大きくなかった。だが、〝考える野球〟こそ自分の生きる道、と寝ても覚めても研究努力し、器を一杯に満たして、ついにはのぼりつめた。

コーチになると、その野球の知識と経験が大きな武器になった。そして監督。結果の全責任を負う仕事は、組織の大きさは違っても、大企業のトップと同じ苦しさがある。それを乗り越え、結果を出して、殿堂入りを果たした。丹羽さんの言うとおりである。

「殿堂に入ったといっても、まだ七十前じゃないか。安心してもらっては困る。プロ野球はいま大変なときだ。君の力をこれからもプロ野球の発展に生かしてほしい」
と言っておいた。ゴルフ界でも、世界殿堂入りした人が三人いる。女子プロゴルフ協会の樋口久子さんの力量は誰もが認めている。青木功、岡本綾子両氏も将来は素晴らしいトップになれる人だろう。

己が審判の厳しさが身に沁みた苦い思い出

アメリカ対欧州の女子ソルハイムカップ（05年9月）で、グリーン上のスパイク跡を巡って競技委員が呼ばれ、ゲームが中断される場面があった。

カメラがアップすると、アニカ・ソレンスタムのパッティングライン上にかなりひどいささくれが見える。だが、直しは認められず、彼女はそのまま打った。ボールはささくれの少し右を通り、カップ右に外れた。入るラインを転がっていても、跡にはじかれて外れていただろう。

ルールブックには「スパイク跡は直せない」とは書いてない。だが、グリーン上で修理できるのはボールマークだけ、とはっきりと書かれている。どんな状況だったかは分からないが、ルールはルール。彼女も従うしかなかった。

ルールでは、苦い経験がある。かなり以前に作家の伊佐千尋さんと回ったときのこと。伊佐さんもレフティで、その日はレフティ仲間とのラウンドの一日だった。

伊佐さんのショットがグリーン手前の深いバンカーのあごに突き刺さった。一打ではまず脱出できないだろう。しめしめ、と私は思った。握っていたからだ。

「アンプレヤブルにします」

伊佐さんが言った。

〈おいおいちょっと待ってくれ。それはないだろう〉

「自分勝手にそんなこと言ってもダメだよ。認めない。二打か三打払うならいいけど、ワンペナじゃだめですよ」

「これはルールです。絶対間違っていないけど、あなたがそれほど言うなら、上がってからプロに訊いてみましょう」

訊いてみると伊佐さんの言うとおりだった。

「本人がアンプレヤブルを宣言したら、誰もそれを止められない。ルールで決まっています」

と言ってルールブックを開いて見せてくれた。ほらね、と言わんばかりの伊佐さんの嬉しそうな目。これほど恥ずかしい思いをしたことはなかった。

これに懲りてルールを勉強したか、というとそうでもない。厳しい競技ゴルフをしてこなかったためか、ルールブックを通して読んだことは一度もない。このいいかげんさ、良くも悪くもルールのことは最後は審判の責任、という野球で育ったこと関係があるかもしれない。

「殺し、盗み、刺し、騙す」。極端なことを言えば野球はルールぎりぎりの所で、いかに相手を欺いて勝つか、というゲームである。ぼやぼやしているほうが負け。ずるいくらいでちょうどいい。ゴルフの精神とかけ離れているのは、やはり審判がいるかいないかということになる。

正直言って、フェアウェイの真ん中で球がディボット跡に入っていたら、ちょこっと動かしたい衝動に駆られる。普段6インチオーケイのゴルフをやっているから誘惑に負けそうになるのだ。

女房子供にもウソを言ったことはない。有利に運びたい仕事でもごまかしたことは一度もない。そう言い切れる人は誰もいない。だが、ゴルフだけはそれが許されない。〝ウソも方便〟は通用しないのである。それがゴルフの大きな魅力の一つになっている。

審判の自分にウソはつけない。勝負に勝っても、ごまかせば自分の負けだ。こんな厳しいことはない。

英国生まれなのに、お天道様はお見通し、の日本精神と妙に一致する。ゴルフの前は、なかなか寝つけない。嬉しさと同時に、今の自分が鏡に映し出されるような緊張感を、どこかに感じるからだろう。

私の故郷、火の国の一徹女たち

不動裕理が伊藤園レディス（05年11月）で今季六勝目を挙げたときには、「ほんに強かねえ」と思わず唸ってしまった。最終戦の二位で六年連続の賞金女王も決めた。

私と同じ熊本出身には、ほかに大山志保がいる。宮崎は古閑美保、最後まで女王を争った宮里藍、期待の新人諸見里しのぶは沖縄、鹿児島の横峯さくらなど、今年も九州沖縄女花盛りのシーズンだった。

「なんで女子ゴルフは九州が強いのか」

とよく訊かれる。だがよくわからない。熊本には〝肥後もっこす〟という言葉がある。頑固者、不言実行の一徹者という意味で、強い男を誇るようにしてつかう。もっとも、そういう男を相手にするのだから、女も相当強くなる。私の母もかなりのものだった。

子供の頃、家が貧乏だった。体の弱い父にかわって、母が外に出て身を粉にして働いた。長男の私は子守をさせられる。下の子を木にくくり付け、好きな野球で遊んで帰ってくる。ドロドロになった弟妹を見て、

「また球遊びしとったな」

と激怒した母が、火の付いた薪や、手にしたカマでもなんでも手当たり次第に投げつける。運動神経が養われたのは確かだが、当たっていたら大怪我をしていただろう。

父は母より優しい性格だったが、忘れられない思い出がある。父と一緒に凧揚げに行った。店で買う余裕はない。二人でこしらえた。さあ揚げよう、とした瞬間、糸がからんでしまった。どうしてもとけない。小刀で糸を切って繋ごうとした私に、父が言った。

「てつ、切っちゃならんぞ。もとは一本の糸じゃ。とけんはずがなか」

それから小一時間。糸がとけたのは嬉しかったが、すでに日は落ちて暗くなり、凧を揚げることは出来なかった。悲しくて、悔しかった。だが、最後まで諦めるな、と教わったそのことが、後の人生で大きな支えになったように思う。

不動裕理の師匠は同じ熊本出身の清元登子さん。不動の九州女学院高校の先輩で、今は女子プロゴルフ協会の副会長。大山も古閑も清元門下生である。不動は小学校

五年の十歳のときから指導を受けた。プロデビュー後の四年間は、清元さんの家に居候した。

「お世話になった人に、感謝の気持ちを忘れてはならない」

生活を通して、まず人間としてきちんと生きることが大事、と教えられた。96年8月にプロテストに合格した時、

「ちゃんとした挨拶ができるプロになりたい」

とスピーチして話題になった。そして朝五時半起床、一日八時間以上球を打つ徹底的な猛練習で鍛えられる。今でもオフには一日千発は欠かさないというから、やっぱり私の母と同じ火の国の女の〝きつか〟血が流れていることは間違いなさそうだ。

それでいて、感情の起伏が表に出ない。どんなに勝っても奢らず、淡々としたプレーぶりがいい。シャイな話し方をみると、およそ派手なことは苦手なのだろう。ゴルフ一筋に徹底している。そういうところにも肥後の人間の血を感じる。

私は、頼まれた色紙に「不動心」と書くことが多い。岩のように動かない心、ではなく、なにごとにもとらわれない心、と解釈するのが本当のようだ。お不動さんの教えには、「感謝」「奉仕」「反省」「調和」の言葉があるそうだ。まだまだ強くなるだろう。

五感の鋭い人たちとスポーツの関係は

昨日の日曜日、「NHKのど自慢」を観ていたら、母のことを思い出した。私の選手時代、彼女は人吉にやってきたのど自慢に出演し、得意の民謡を歌って入賞したことがある。

父から、声のよさに惹かれて結婚した、と冗談まじりに聞いたこともある。父も歌が好きだったのだろう。だがその才能は私にはまるで遺伝しなかった。小学校のころから、音楽は落第点、他が〝全甲〟だったので、担任がお情けでゲタを履かせてくれた。いまでもひどい音痴はそのままだ。

ゴルフの上手い人を見ていると、やっぱりリズムとテンポのスポーツだ、とますます思うようになってきた。音楽のセンスがあればまだ上手くなっていたはず、と残念に思ったりする。リズム感がなかったから、野球でも、見た目がいかにも鈍くさい選手だった。体は固く、バネもない。足は遅いし、守備は下手。我慢強さと、思い込んだら命懸け、というものだけでやってきたように思う。

野球界には音楽好きの人が多い。あまり知られていないが、王貞治くんや張本勲くんなど、抜群に歌が上手い。星野仙一くんも、ジョギングするときもヘッドホンを離さないほどの歌好きだ。森祇晶くんは歌手の谷村新司さんや、ミュージカル・劇団四季の浅利慶太さんと友達。何万円もするパバロッティとかいうオペラ歌手のコンサートをわざわざ聴きにいくほど音楽の好きな人である。

逆に、音楽関係の人には、スポーツ好き、ゴルフの上手い人が多い。作曲家の都倉俊一さんや、ジャズに詳しい大橋巨泉さんが昔主催していたコンペに出たことがある。二人ともローハンディで、じつに上手かった。

スポーツマンと音楽家には、共通項があるようだ。どちらも五感が鋭くなくてはならない。音楽がダメな私は、聴覚が劣っている。その代わり、視覚や嗅覚、味覚などは人より発達している。触覚、というか手先も器用なほうだ。

この間、テレビで、視覚障害者は、健常者に比べて聴覚が発達しているということを知った。三倍の速さで再生される話し言葉を、なんなく理解してしまう能力の凄さには驚かされた。

イチロー選手は視覚、とくに動体視力が優れている。これには私も自信があった。ベーブ・ルースが、回転するレコードのラベルの文字を読んで目を鍛えた、と聞いて真似をしてみたこともある。訓練すればかなり上達する。

大毎オリオンズで活躍し、私の監督時代にコーチをしてくれた山内一弘くんは、並外れた動体視力を持っていた。一緒に車に乗っていて、私の気づかない窓外の景色を指摘されて、驚いたことが何度もある。

五感では、私は特に嗅覚に強い気がする。なにか臭いぞ、といって家の中のガス漏れを発見したりするのはいつも私だ。いつもと違う異変に気づく能力は一種の危機管理能力。盗塁かエンドラン、相手が何かしてきそうだ、という第六感が働くのは、嗅覚と関係があるかもしれない。

全英オープンの青木功プロの解説を聞いていると、この人も嗅覚の鋭い人だ、と感じる。海の風の匂い、水を含んだ芝の匂い。それで風を読み、グリーンの止まり具合を推理しているのかもしれない。英語の巧い宮里藍ちゃんは音楽も得意そうだ。賞金女王の不動裕理は五感のどれで勝負しているのだろう。そんなことを考えながら試合を見るのもまた楽しい。

第3章

野球の極意、ゴルフの極意

雨の降る日に「自然との闘い」を考える

今日はテレビを観ながら、ずっとパターの練習をやっていた。腰に悪いのは分かっていても、一日中、強い雨の降るこんな日は、ほかにやることがみつからなくてイライラする。

昔は暇ができると本をよく読んだものだが、最近はちょっと難しい本だと疲れてしまう。ソファーの上ですぐに舟を漕ぐだらしなさだ。

雨で思いだしたが、うちの近所に新しく建った家があり、そのお宅の軒下に雨水を溜めるドラム缶が据えられているのをみつけた。『楽しき雨音』と商品名らしきものが書いてあったから間違いない。雨水を有効利用しようという、最近はやりのリサイクルというやつなのだろう。

その家ではきっと今頃、もっと降れもっと降れ、とばかりに雨を喜んでいることだろう。同じ雨を、恨めしく思ったり喜んだりする人がいる。

その昔、梶浦逸外老師から聞いた話を思い出す。老師は岐阜の正眼寺という禅寺の住職で、巨人軍を創った正力松太郎さんから紹介された。コーチ、監督時代に心の師として私を支えてくれた人だった。

「川上さん、あそこに丸い漬物石があるじゃろう」

大きな樽の上にのせてある石を指さして老師が言った。

「はい」

寺では十二月になると、いくつもの樽に大根を漬けて、翌年一年食べられるだけの大量のタクアンを作る。

「だがな、あれはただの丸い石だ。初めから漬物石と名がついた石などないからな」

「はあ……」

「あの石を、遊ぶ子供が見たらただのじゃまな石ころにすぎん。だがもし石屋が見つけたら、高く売れるかな、とお金にみえてくる。あるいは仏を彫る石工が見たら、仏そのものに見えるかもしれん。

同じものでも見方一つで天と地ほどの違いになる」

私は、はっと心に響いたものがあった。

ゴルフほどではないが、野球も自然相手のスポーツだ。雨も降れば風も吹く。全身から汗が噴きだす猛暑もあれば、指先が凍えるような寒さのときもある。

雨だと握りが滑ってバットが振りにくい。ボールが濡れて滑るし、足場も踏ん張りがきかないから、投手はコントロールがままならない。守備の選手たちは、グラウンドに足をとられてエラーが出やすくなる。

「まったく嫌になるぜ。この雨じゃしょうがない」

と失敗したときのかっこうの言い訳にさえなる。

だが、と私は考えた。石がただの石なら、雨もただの雨だ。受けとめ方一つで味方につけられるはずだ。いや、つけない手はない。

「雨は敵も味方もなく平等だ。嫌がっていたってしょうがない。投手の失投が増えると考えれば、バッターはチャンスじゃないか。おまけにグラウンドがぬかるんでいれば、守備のスタートが遅れるから、ヒットの確率だって高くなるぞ」

こう言って選手たちに檄を飛ばしたものだった。調べたことはないが、私の監督時代の雨の日の勝率はかなり高かったはずだ。

そんな考え方が身についたせいか、私は雨や風のときのゴルフを苦手にしなかった。相手が嫌がる、こういうときこそチャンスだ、とかえって勝負に貪欲になれたものだった。

だが、今はちょっと冷たい雨が降ればプレーを控えないと女房に恐い顔をされる。なんという情けなさだろう。

孫が問う、野球とゴルフどっちが難しい？

日曜の昼下がり、隣に住んでいる孫の哲明がふらりとやってきてゴルフ談義になった。

「ねえ、いったいゴルフと野球じゃどっちが難しいんだろう」

去年まで不調だったフィル・ミケルソンが今年（04年）復活の一勝をあげた。彼は一昨年のオフにマイナーリーグのプロテストを受けたが失敗した。そのとき、ぼくは本当は大リーガーになりたかった、とまで言っていたからたぶん本気だったのだろう。そして再びゴルフに専念して優勝した。哲明はそのボブ・ホープクラシックをテレビで観ていてそんなことを考えたのだろう。

「さあどうかな。俺はゴルフのほうが難しいと思うけど」

こたえると彼はニヤリとした。

「そうかなあ、脚が遅くて運動神経もない僕のほうがジイジより上手くなったんだから、ゴルフの方が簡単なんじゃない？　ミケルソンだってそうじゃない」

哲明はいまハンディ5だ。それを言われるのがいちばんこたえる。

「弁解するわけじゃないが、俺はバッターだったからな。同じ野球でもバッターとピッチャーでは全然違う。バッターは反射神経とパワーだけど、ピッチャーはパワーより精神力。それにコントロールがないとだめだ。ピッチャー連中はみんなゴルフが上手い。彼らは俺よりゴルフをもっとずっとやさしく感じているかもしれない」

「確かに、ゴルフはコントロールのゲームだもんね」

「そう。いつも同じ動作を再現して的を狙う、という意味ではピッチャーの資質はゴルフに近いんだろう」

「ゴルフは飛ばすゲームじゃないからね」

またグサッときた。たまにドライバーが飛んで大喜びする私の姿を、彼はいつもそんな冷静な目で見ているに違いない。

「インパクトに集中するという点ではゴルフも野球もいっしょだ。どちらも体重移動と体の回転で打つ。でも野球はアウトコース、インコース、高い球低い球、いろんな球に対して瞬間的に、ちょっと待ったり、速く回したり、腕をたたんでみたり伸ばしてみたりして対応しないといけない。それがゴルフにはよくないんじゃないかな」

「そうだね。そういう器用さとはまた違った判断力が必要なのかもしれないね」

「いちばん違うのは、ゴルフは球が止まっていることだ」

私が言うと、哲明はほらきた、という顔をしている。彼は私の、「球が止まった」という話を何回となく聞かされているからだ。

「野球の球は、自分で跳ね返る力を持って動いてくる。だからタイミングよくポンと当てさえすれば飛んで行く。だが、球が止まっているゴルフでは、自分の力で球に生命力を与えなければならない。そこが難しいし、野球と違うところだ」

「うーん、そのへんになると僕はよくわからないな」

「勝つという目標はいっしょでも、ゴルフと野球では攻め方にも違いがある。ゴルフで勝つにはどこまでも攻めないといけない。俺がやった『負けない野球』じゃゴルフは勝てない。ベストテンには入れても、トップにはなれないよ」

「たしかにバッターは受け身だもんね。自ら攻めて活路をひらくという点でもゴルフはピッチャーと重なるね」

「おまえも随分わかってきたじゃないか」

コースへ出ればどうせこてんぱんにやられる。せめてうんちく勝負だけは孫に負けたくはないのだが、最近はそれも怪しくなってきた。

ゴルフ上達に役立つ野球練習法

大リーグ開幕戦（04年）の初打席で、先頭打者でいきなりバックスクリーンに叩き込んだ松井稼頭央のホームランにはびっくりした。

イチローや松井秀喜のデビューのときは、大リーグで通用するかと心配だったが、もはや遠い昔のことのように思えてくる。東京の開幕戦でヤンキースの松井がドームを駆け回る姿にも違和感がない。そういう時代になったのだろう。

メッツ（現ロッキーズ）の松井は、オープン戦では頭が突っ込んで、見ていて打てる気がしなかった。だが本番ではちゃんと後ろ足に体重が残っていた。工夫し、すぐに修正できるところを見ると、対応力もありそうだ。

ヤンキースに入団したころの松井は欠点を抱えていた。テークバックのトップが固かった。強く打とうとするあまり、切り返しで手首や腕に力が入りすぎるのである。イチローや、巨人の高橋由伸は始めから切り返しの柔らかさを持っている。

だが、松井はシーズン半ばごろから欠点を修正してきた。大リーグの選手を観察するなど懸命に工夫、研究したのだろう。今年のフォームは、打ち出しのタイミングも速くなり、より進化している。去年以上の結果を残すに違いない。

去年はタイガース一色だった日本の野球も、今年はセリーグでは中日や広島が元気で面白くなりそうだ。落合監督の中日が台風の目になるかもしれない。

中日のキャンプは練習量も一番だったが、中身にもいろいろな工夫があった。落合くんは独特の練習をする選手だった。バッティングピッチャーに、わざと体に当たるような球を投げてもらってインサイド打ちの練習をするのもその一つだった。天才と言われるが、あの成績は彼の工夫、研究心のたまもの。それがキャンプの練習にも生かされていた。

プロ野球では、近くからトスしてもらった球を打つ練習をよくやる。だが中日のキャンプでは、トスを止め、ティの上にただ置いただけのボールを打つ練習をしていた。私にはその狙いがよく分かった。

トスのボールは生きた球に近いから一見実戦的に見える。だが、楽しくテンポ良く打てる反面、惰性に流れて一球一球がおろそかになる恐れがある。フォームをつくるには、ティに置いた球を打つか、ただの素振りのほうがよほどいいのである。

私の時代にはピッチングマシンなどもちろん無く、投げてもらって打つ練習も少なかった。だからキャンプでも、素振り一本槍。部屋に姿見の鏡を持ちこんで夢中でバットを振った。部屋の畳が擦り切れて、旅館の人から文句を言われた思い出もある。

この素振りがフォーム作りに役立った。球に向かうとどうしても当てにいく。だから体が突っ込む悪い癖もなかなか治しにくい。だが素振りなら、振れば振るほど正しい動きが身についてくる。そのうちに意識しなくても体が反応してくるようになるのである。

私はゴルフの練習にもよくこのバットの素振りを取り入れた。不調になるたびに納屋からバットを引っ張りだしてくる。振っているうちに切り返しのタイミングを取り戻し、体が突っ込む悪い癖も修正できたものだった。しかし、悲しいかなこの年ではもう重いバットは振れない。

だが、若い彼らのように、工夫、研究する意欲さえ失わなければ、まだ上達の余地はある。体がだめなら頭を使う。頭がだめなら精神の力を振り絞ることだってできるはずだ。

「打撃」という球をとらえるタイミング

巨人の高橋由伸の調子がようやく上向きになってきた。トップからの切り返しにイチロー並の柔らかさを持つ彼でも、タイミングが上手くとれずに苦しむことがある。シーズン（04年）当初は体が前に突っ込んで、見ていて打てる気がしなかった。スランプは、ほとんどの場合、打ち急いで体が前に突っ込むのが原因である。球を待ちすぎて遅れて詰まり、凡打を繰り返すこともあるが、これはすぐに治る。深みにはまることはない。

しかし、遅れまい、とあせりだすと突っ込みはどんどんひどくなり、泥沼にはまることになるのである。

私も何度となく苦しんだ。

「今日のピッチャーは速いな」

凡打してベンチに戻ってそういうと、

「いや、そんなことはない。遅いくらいだ」

とそのとき調子良く打ちまくっていた千葉や青田によく言われたものだ。

体が突っ込めば、インパクトの瞬間に頭が投手側に動く。止まっていれば球のスピードだけのものが、目が動くためにスピードが何倍にも速く感じられてしまうのである。〝球が止まった〟どころか、こういうときは、インパクトゾーンで、球が白い糸を引いたように見えてしまって、まったく打てなくなってしまうのである。

一本足という、型を固めて打つタイプの王くんなどと違って、私はタイミングで打つバッターだった。極端に言えば、打つたびにフォームが違う。自分の打つポイントでキッチリ球をバットにミートさせることが率を稼ぐ近道だ、と考えていたからだ。

若いころから、私は利き手の右腕が引ける癖があった。真剣で巻ワラを引き切るような動きだから、バットをパーンとボールにぶつけるような強いインパクトができなかった。

だから速い球には弱かった。センターから左へ打ち返すことはできても、引っ張ってライトスタンドへ運ぶことは苦手としていたのである。逆に、遅い変化球には滅法強かった。

野球では、ピッチャーよりバッターのほうが圧倒的に有利な立場にいる。ピッチャーは、どんな球を狙っているかがわからないバッターに対して度胸良くストライクを投げ込んでいかなければならない。反対にバッターは、ストライクゾーンに入ってくる球だけを狙っていればいい。ゾーンを外れた球は打たなくていいのだから、絶対に有利なのである。

右に曲がろうが、左にこようが、下に落ちても、打つべき球は必ずゾーンを通過する。そこを「点」で打ちさえすればいいのだ。自分のポイントで球をとらえるタイミングさえ摑んでいれば、自由自在に打てて当たり前だ、と考えていた。ホームランバッターではなかったからだろう、ストライクの球を全部ヒットにできなくてどうする、目標は十割だ、と意気込んでいた時さえあった。

コースに出て、何をやっても上手くいかず、散々なスコアに終わったときには、よくこういう選手時代のことを思い出す。野球で身についた癖や考え方が、ゴルフの上達の妨げになっているのではないかということを。

ゴルフでは、球はいつでもストライクゾーンに止まっている。動いてくる球よりずっと簡単なはずなのに、タイミングがとれず、体が突っ込む失敗を繰り返してはホゾを噛んでいる。

ゴルフの神髄ははるかに遠い。まだまだゴルフを止めるわけにはいかないのである。

野球でなく、もしゴルフを選べしならば

「もし川上さんの子供のころにゴルフが今のように盛んだったら、ゴルフの道を選んでいたんじゃないですか」

こんな質問をされることがよくある。よほど〝ゴルフ惚け〟に見えるのだろう。

野球を始めたのは親父の影響だ。体が弱く、スポーツとは縁のなかった親父だったが、なぜか野球が大好きだった。仕事をほったらかして、日がな一日、草野球観戦をきめこむことがよくあったらしい。運動が得意だった私に野球を教え、

「あの的を狙って投げるんだ」

と壁にウチワを取り付けて、

「続けて十回当たるまで止めちゃならんぞ」

と練習させられた。

プロ野球は私が中学のころに始まった。だが、まだ先々不安定で、まともな人間

のやる仕事ではないと思われていた。だから熊工を卒業するとき、親父はプロ入りに反対したが、明日の米に困る貧乏をなんとかしたい、と私は自分で大金の稼げる野球の道を選んだのである。

しかし、プロスポーツが立派な職業となった今のような時代だったなら、親父は、イチローや、中嶋常幸、福嶋晃子、丸山茂樹、そして宮里きょうだいの父親と同じようなパパになっていたかもしれない。家に生活の余裕があり、親父がゴルフでもやっていたら、ゴルフを選んでいたことも十分あり得る。

プロになれたなら、杉原輝雄さんのような選手になっていただろうか。私は彼の粘りのある勝負強いところが好きだった。トーナメントで大活躍していた当時、一緒にラウンドしてもらったことがある。

「何ストロークも離されて、上位入賞のチャンスすらない、というときでも、絶対に気を抜いたショットはしてはいけないんです。優勝のチャンスが来たときに、その癖が出て失敗してしまうからね」

そう聞いて、我が意を得たり、といっそう彼が好きになってしまった。

選手のころ、私は四打席目以降の打率が高かった。大量リードされて勝ち目のない試合でも決して気を抜かずに打席に立った。私の場合は、一本でも多くヒットを打って稼ぎたいという、ハングリーからきたものだったが、杉原さんの話にはさすがだ、と感心させられた。

しかし、私がプロになれたとしても、杉原さんのようなトッププロになれたかどうかは怪しい。

ゴルフと野球では、個人競技と団体競技の違いがある。こつこつ一人で工夫研究する職人的な気質は個人競技向きにも見える。だが、昔から口下手で交際下手。自分が先頭に立ったり、目立ったりすることが苦手だった。人前でのスピーチは今でも死ぬほどの苦痛だ。

プロゴルファーは、ひとたび試合に臨めば、選手のほかに、コーチや監督などの役割を全部独りで引き受けなくてはならない。とくにいまはテレビ時代。丸山や藍ちゃんのように、コメント上手で爽やかなキャラクターであることも求められる。

私はやっぱり野球でよかったのだ。

脚も遅く守備も下手、ただ打つだけの私が長く選手でいられたのは、足りないところを他の人にカバーしてもらえる団体競技のお陰だったし、コーチや監督が務まったのも、たとえばヘッドコーチだった牧野茂くんのような優れた人達に助けられたお陰である。

それよりなにより、いまでもこうしてゴルフ惚けでいられるのはゴルフを職業にしなかったお陰なのである。

スウィングでの大事、「間」について

トーナメント中継で、いつも注意して見ているのは、プロたちの、トップから切り返していくタイミングの部分だ。ゴルフでいちばん難しいのは、この切り返しのタイミングだろう。

その難しさはバッティングでも同じだが、野球なら、構えている位置にバットを置いたまま、腰をひと呼吸早く切ってやる。下半身が戻りはじめても、上体は残ったまま。そこに一瞬のタメ、〝間〟ができる。

私の場合、切り返しの始動で意識したのは後ろの腰だった。後ろの腰を切るようにすると、ちょうどいい間ができて、切り返しの動きもやわらかくなる。前の腰から回しはじめると、体が開き過ぎてバットがスムーズに出てこなくなるのだ。

去年（03年）より一段と進歩したヤンキースの松井のバッティングについて、ある解説者が、

「去年はイチ、ニーのサンのタイミングで切り返していたが、今年はイチ、サンになっている。それで速い球に対応できているんだと思う」

といっていた。

たしかに去年より振り出しが速くなったから、見た目はそう見えるが、松井の意識の中には、見えない〝ニーの〟のタイミングがあるはずだ。ピッチャーの球が速い大リーグでは、緩急の差が日本より激しい。狙った球だけを、山をかけて打つことはできても、スピードをちょっと変えられただけで手も足も出なくなる。〝ニーの〟があるから変化球にもついていけるのである。そうでなければ、体は突っ込み、三振かホームランという行き当たりばったりのバッティングになってしまう。

トップの切り返しが柔らかくスムーズに見える選手ほどいいタイミングを持っている。巨人の高橋（由）が筆頭だが、横浜の金城やヤクルトの岩村、そしてダイエー（現マリナーズ）の城島も柔らかい。

ユニフォームを脱いでから、私は少年野球の指導で全国を回った。コーチや監督さんたちに、バッティングの間について、よくこんな話をした。

「トンカチで釘を打つときどうしますか。腕にも手首にも力は入っていないでしょ。スッーと上げてトンと下ろす。どこで切り返そう、どう力をいれようかなんて考えていませんよね。意識したら力が入り硬くなってしまう。バットの使い方もこれと同じで、タイミングとか間というのは、つくるのではなくて、できるものなんです」

どこまでわかってもらえたか疑問だが、言葉で説明するのはなかなか難しい。

じっさい私が、間を本当に自分のものにできたと確信したのは、ちょうど三十歳の時だった。巨人の四番にすわり、タイトルもいくつか手にしていたが、それまでは体の底から「これだ」という確信のないまま打席に立っていた。ヒットは打てても、なぜ打てるかがわかっていなかった。だがわかってみると簡単なことだった。

「なんだ、入団二年目で首位打者をとったときの打ち方でよかったんだ」

ああでもない、まだダメだ、と十数年苦しんだ末に、なんのことはない、天性のまま、無我夢中で打っていた打ち方が、自然に理想的な間を作っていたことに気づいたのである。

しかし、ゴルフだとその間はいまだ〝魔〟のままだ。投手の球に合わせてタイミングを作る野球と、自分のスウィングだけで作るゴルフとは違う、と頭ではわかっているのだが、いまだに身につかないのがなんとも歯がゆいのである。

無頓着な私が道具派への転向を考えた日

この夏の札幌のゴルフで、道具の大切さを改めて思い知った。何年か前まで使っていたクラブで回ったのだが、このアイアンが重くてまったく振れなかった。52、49のスコアにも腹が立ったが、ショットがひどすぎてゴルフが全然面白くない。

「だから、いつも使っているクラブを送ったほうがいい、と言ったでしょ」

と帰ってから孫の哲明にたしなめられた。ハンディ5の彼は、道具にもうるさい。だがいつものクラブはホームコースの箱根に置いたまま。つい面倒くさくて家にある別のクラブを送ってしまったのである。

道具には昔から無頓着で、どんなクラブでもあまり気にならない。今度のように重すぎてだめだ、などと感じたこともなかった。やっぱり年のせいなのだろう。

しかし、考えて見ると、本職の野球のときは、道具にはもっと気をつかっていた。バットが重く感じられていい当たりが出ないときには、

「ちょっと貸してくれ」

と他人の軽いバットを借りて使うほうだったから〝道具派〟でなかったのは確かだが、それでもいろいろ工夫し、考えたものだった。

野球は、ホームランを狙うのも、バントを転がすのも同じ一本のバットだ。外野フライを打つにも、ゴロを転がすにも、同じ道具をうまく使い分けなければならない。

バットには大きく分けて三つの型がある。ホームランを狙うベーブルース型、単打狙いに適したタイカッブ型、そしてゲーリッグ型の三種類だ。ベーブルース型は先が太くて手元が細い。逆にタイカッブ型は、先が細めで、手元が太い。ゲーリッグ型はその中間で、全体にくびれがなだらかになっている。
ベーブルース型はヘッドバランスが重く、スウィートスポットが狭いから遠くへ飛ばすのに適している。タイカッブ型はヘッドが軽く、スウィートスポットが広いのでどこに当たってもヒットになる確率が高い。

率を狙うバッターだった私はタイカッブ型とゲーリッグ型の両方を時に応じて使い分けた。今のようにメーカーが科学を駆使して、希望するバットを提供してくれるようなことはなかったから、自分で工夫したり、細工したりするしかなかった。

木のバットは、球が当たる部分が柾目になっている。板目だと折れやすいからだ。節があるとき、スウィートスポットの部分に節があるバットが届いたときがあった。節があると硬くて弾きがいいので球は飛ぶが、バランスが重くなる。そこで考えた。

メーカーに頼んで、先の丸い部分をえぐり取ってもらったのだ。こうすると、バランスがよくなる上に、わずかだが重心が手元寄りになる。ミスするときは詰まって手元に当たることが多かった私には、この改良は抜群に効果があった。

それは戦後間もなくの私の発明だったが、今でも、ヤンキースの松井や巨人の小久保をはじめ、多くのバッターが先を削ったバットを使っているのを見ると、少し鼻が高くなる。

当時の私のバットは1kgだったが、今はそれより50gぐらい軽いバットが主流になっている。変化球の種類が増え、ボールが飛ぶようになったから、より扱いやすい軽いバットが好まれるのだろう。

時代とともに道具も変わる。ゴルフは野球以上だ。体の衰えを道具でカバーすることをもっと真剣に考えてみる必要がありそうだ。

打撃基本中の基本。高いひじの効力

先日（04年）の米ツアー、ドイツ銀行選手権で、タイガー・ウッズが久々に優勝争いにからんできた。

だが、結局はビジェイ・シンに敗れ、彼に世界ランキング一位の座も持っていかれてしまった。勝つことを忘れてしまったような、長いスランプである。

燃え尽き症候群、ヒザの手術の影響、などと聞いているが、一番の問題は、コーチのブッチ・ハーモンとの契約解消にありそうだ。長年見てもらっていた人がいないことがどれほどのマイナスかを、タイガーはわかっていないのではないか。

というのも、少し以前にこんなことがあった。

「川上さん、ずいぶん後ろのヒジが下がってますね」

「そんなに下がっている？」

昔からのゴルフ友達に言われた。彼はシングルの腕前だ。

「それだと、十分にトップを作れないでしょ。調子のいいころはそんなじゃなかったですよ」

そのころ、フェアウェイウッドに悩んでいた。トップが浅いから球が上がらないのだ、と知人のプロから指摘されていた。だが、どうしても深いトップが作れない。年のせいで体が硬くなっているのだろう、と体重移動や腰の回転のことばかりが頭にあった。

だが、球を上げようとするあまり、知らず知らずに後ろ肩がどんどん下がり、それでヒジが下がっていたのだろう。真の原因はヒジだったことに、言われるまで気がつかなかった。素人の私でこうなのだから、トップブロなら、わずかな狂いがスランプに直結して当然だろう。

そのわずかな狂いを直せるのがいいコーチで、それは野球でも同じだ。一軍のコーチに必要なのは真の原因を見抜く眼力で、手取り足取り教える一見熱心に見えるコーチはトッププロにはじゃまになるだけなのである。ともあれ、友人のアドバイスのお蔭で、打撃の基本中の基本を思い出したことは大きい。後ろヒジが下がると、バットを上から叩き下ろす、ダウンスウィングができなくなる。球は飛ばないうえにゴロになりやすい。

中継で映し出されるスロービデオを注意して見ていればよくわかる。構えているときにいくらヒジが上がっていても、打ちにかかったときにヒジがそこから下がって出ていく人はダメなバッター。

反対に、切り返しで、わずかでもスッと上に上がってから出ていくバッターは一流である。例外はほとんどない。

ヒジが下がったらだめなのはピッチャーも同じだ。ヒジを上げながら腕を振り上げるのはキャッチボールの基本である。キャッチャーの送球を見ればそれがわかる。一瞬を争う二塁への送球では、ミットの球を摑むと同時に右ヒジを高くあげる。そのまま肩を捻って回すだけで強い球を投げることができる。

かつての阪急の名投手、山田くんや大リーグの高津くん（現ヤクルト）のようなアンダースローのピッチャーでも、ヒジは体から90度近く離れている。肩を水平に戻して見てみれば、しっかりヒジが上がっていることがわかるはずだ。

そういえば、アテネ・オリンピックのヤリ投げの選手もヒジの位置は高かった。柔道の投げ技の切れも、ヒジの高さと関係がありそうだ。難しい科学のことは知らないが、力をロスしないでモノを強く遠くに運ぶには、ヒジがポイントなのだろう。

ゴルフで迷ったときは、野球を思い出すと上手くいくことが多い。それは私の強みだが、わかってもすぐに忘れてしまう最近の頭の頼りなさがなんとも悲しいことではある。

「打撃の神様」をイチローに返上しよう

イチローのシーズン最多安打の大リーグ記録があってから、「なんであんなに楽々とヒットが打てるんですか」

という質問をよく受ける。

一言でいえば、ミートのよさだ。バットの芯に球を当てるのが抜群に上手い。特に今シーズン（04年）は、打ちにかかったら、どんな球でもバットに当たる気がしていたはずだ。

私も全盛のころにそういう時があった。空振りしないから三振は少ない。しかし、当たれば凡打、とわかっても、体が勝手に反応して当たってしまう。それでかえって困った。空振りなら次の球で勝負できるからだ。ずいぶん打率を損した、と悔しく思ったことさえある。

イチローのバッティングは、体重を前に移しながら打つ独特のものだ。ゴルフのスウェイのように見える。ほとんどのバッターはインパクトでは体重が後ろ足にある。イチローのように体も頭も前に動いていけば、まず打てない。それできっちり球をとらえてヒットできるのは、ぎりぎりまで絶対に肩が開かないからである。ここにイチローのバッティングの秘密がある。

彼はもともとトップからの切り返しの動きが柔らかい。それで生まれる間が、肩の早い開きを抑えている。ゴルフでも、いい選手は、下半身が回転し始めても、肩の線は飛球線とほぼ平行に長く保たれるのと同じだ。

もう一つの特徴はバットがつねにインサイドアウトに出てくるところだ。後ろのひじが伸びずにどこまでも体についてくる。絶対にほどけず、最後にきて、両腕がパーンと伸びる。昔のパーシモン時代の、ぎりぎりまでタメを作って打つ打ち方と同じだ。これがあるからどんな変化にも対応できる。イチローはしなりを感じるバットが好きだ、といっている。材質にもこだわり、細くて軽いバットを使い続けているのは、そういう感覚を大切にしているからだろう。

最近のゴルフでは、後ろのひじを早くほどいて遠心力で振れ、といわれる。しかし野球ではひじが早くほどけたら、バットの根元に当たってしまう。野球の打ち方が、ゴルフのように変化しないのは、昔も今も道具が変わらないためなのかもしれない。

私は体が早く開きやすいタイプのバッターだった。肩を開かなくするにはどうするか、いつも悩んでいた。気をつけていたのは、左打ちの私の場合、ダウンスウィングを右の尻から動かすことだった。踏み出しで、つま先が開くのが一番いけない。尻から踏み出す意識でいると、イチローの右足のように、しっかりかかとから踏み出すことができるのだ。

バッティングでは、わずかな工夫が劇的な成果をもたらすことがある。彼は今シーズンの七月のある日から、右足を少し引いて構えだした。その結果、アドレスが狭くなり、それにつれて、それまで立てていたバットを寝かせぎみに構える今の形が自然とでき上がった。

これがなければ新記録はならなかった、と彼自身いっている。よほど大きな発見だったことがわかる。

記録達成後の発言を聞いていると、技術のレベルにとどまらず、人間として大きくジャンプしたことを感じる。

「この男、野球で人間をつくりあげてしもうたな」

と思った。私は打撃の神様と言われたことがある。だがイチローは走攻守の三拍子がそろっている。本当の野球の神様が日本に生まれたんだ、という深い感慨が、あの記録達成の日以来続いているのである。

タイガー・ウッズ復活と巨人の球際

宮崎でのダンロップフェニックス（04年11月）で、タイガー・ウッズが圧倒的な強さで優勝した。初日から、優勝の予感があった。冷たい雨の降る悪コンディションのなか、ノーボギーの5アンダーでトップに立ったからだ。彼の持ち味の「集中力」が、ようやく戻ってきた感じがした。

ひざの故障や体調の変化がスウィングを狂わせ、迷って集中力を失っていたのだろう。最近コーチを代えたらしいが、よほど悩みが深かったに違いない。

野球でも、一流二流にかかわらず、選手はいつも迷っている。そこを上手くリードするのがコーチや監督の力量。例えば、

「次は絶対カーブが来る。思い切って右へ打て」

と選手の迷いを捨てさせて結果につなげたのが、〝三原マジック〟といわれた先輩監督の三原（脩）さんだった。

バッターは、ツーストライクまでは、狙い球を絞って待つ。カーブと決めてそれが来れば、調子の悪いときでも半分はヒットできる。問題は違う球でストライクを取られたときだ。

「今日のピッチャーは真っ直ぐに自信がありそうだ。次も真っ直ぐかもしれない」

とふらついたらもうだめだ。それこそ集中力はゼロ。絶対に打てない。

三原さんは、三振しても負けても結果は俺の責任、と選手の意識を次の球だけに集中させることも忘れなかった。人の心理がよくわかっていた人だった。

もう三十年以上も昔になるが、Ｖ４を達成した翌昭和四十四年の宮崎キャンプで、私は、

「球際に強くなり、根性を育てよう」

という年度方針を筆で書いて宿舎の大広間に張りだしたことがある。〝球際〟というのは球ぎりぎりのところで、絶対にあきらめないプレーという意味で、私が造った言葉である。

「例えば、一点リードで迎えた九回裏の守備。ツーアウト満塁のピンチの場面とする。私がショートを守っているとしよう。風向きやグラウンドの硬さなど、コンディションも、相手バッターの打球の傾向、どのカウントから打つ打たないというクセまで、全部頭に入っている。次の球はインサイドのサインだ。三遊間に来るだろ

う、と投球と同時に右足に体重をかけた。そこに予測どおり、強い当たりが三遊間にきた。これ以上ない一歩が踏み出せたが、それでもあとわずかのところで届かない。球が抜けていきそうになった。

やることは全てやった、もうだめだ、と諦めても、責められることはない。しかし、結果は二塁ランナーも還って逆転負けだ。ところがまだその先のプレーがある。体も手も目一杯に伸ばして、死ぬ気で球に飛び込んでみろ。グラブの先にひっかかって球が止まるかもしれないじゃないか。三塁ランナーが還っても、まだ同点だ。次のバッターを抑えて、次の回にホームランでも出れば、負けた試合が勝ちになる。これが球際のプレーだ。

今年はこれを目標にやってみようじゃないか」

選手たちにはっぱをかけたが、実際には年に一度あるかないかのプレーだ。優勝慣れしたチームに高い目標を与え、引き締めると同時に、準備の大切さを再認識させたかったのである。

やるだけの準備を尽くせば、もうこれしかない、というものだけが残る。迷いはなくなる。目前の球だけに集中できるから、まるで神ワザのようなプレーが生まれるのだ。

タイガー復活の兆しを感じて、そんなむかし話を思い出したのである。

宮里藍はさしずめ女イチロー

藍ちゃんとさくらで女子ゴルフの人気が沸騰している。今季初戦のダイキン・オーキッド（05年3月）で、宮里、横峯の二人は二日目まで同じ組で回った。だが宮里は海外試合の疲れで体調を崩し、ライバル意識も強すぎたのか、二人とも成績はふるわなかった。

宮里のプレーを観ていて、二月の南アでの女子W杯のことが思い出された。北田瑠衣とのコンビで優勝した試合だ。個人戦と違うのは、二人のイキをどう合わせるか、が勝負の分かれ目になるところだろう。

最終日、宮里はその日の最少スコアの67を叩きだした。一方の北田は82と崩れた。試合後、

「すごく苦しくて、もう日本に帰れないんじゃないか、と悪いほうばかりに考えてしまった」と北田は泣き崩れていた。

途中北田は、年下の宮里に励まされる場面もあり、好調宮里のお陰で勝った、と言われてもしかたがない試合だった。しかし、単純にそうともいえないところが、団体戦、チーム競技の面白さだと私は思っている。

この試合での宮里の好調なゴルフは、一緒に回った北田が引き出した、と見ることもできる。

王くんがホームランを量産していた当時、小さなファンから質問があった。

「どうしていつもいいところでホームランが打てるんですか」

王は言った。

「ホームランはぼくひとりで打っているんじゃない。出塁しようと頑張った人、犠牲バントでランナーを進めた人もいる。みんなが協力して作ってくれたチャンスに、ぼくに打順が回ってきただけさ。10対0で負けてたら、打っても殊勲でもなんでもない。接戦になっているから、いいところで打った、と目だつだけなんだ。ホームランも、ほかの人が、ぼくに打たせてくれるんだよ」

ホームランバッターをスタメンに9人並べるのは、キャディバッグにドライバーを14本入れるのと同じ、という笑い話がある。だからこそ王の話に値打ちがある。これぞチームプレーの精神、と感心したものだ。

02年の男子W杯では、丸山茂樹と伊沢利光が組んで優勝した。高校の先輩後輩で、いかにもイキが合っている様子だった。試合後、伊沢が言っていた。

「チーム戦は、よほど二人がうまくかみあわないといいスコアが出ない」

対照的だったのが、去年の米・欧対抗のライダーカップだ。アメリカは初日、ウッズとミケルソンでペアを組んだ。最強の二人でまず一勝、と踏んだのだろう。だが、かみあわず、まさかの敗退。これがアメリカの敗因だと囁かれた。

宮里は負けん気が強くまじめで一生懸命。一方の北田はのんびり屋のところがあるという。

私の監督時代、牧野茂くんというヘッドコーチがいた。私は周りにお構いなく、がむしゃらに突き進むタイプ。対して、視野が広く、遊び心のある牧野くんは、スマートでつき合い上手だった。言葉足らずで、よく失敗する私がどんなに助けられたかわからない。まるで正反対の性格なのに、公私ともに深くつきあった。イキが合う、と一口にいっても、なぜなのか、単なる好き嫌いだけでは説明できないものがある。

感心したのは、W杯での宮里が、調子を崩した北田に嫌な顔一つ見せなかったことだ。むしろ、助けられた、と言っている。大した若者だ。女タイガーと言われ始めたらしいが、チームプレーにも強いから、女イチローといってもいいかもしれない。

柔らかいひざが手練れの条件

大相撲春場所（05年）を観ていて、低い重心と終始下から上へ体を使う、朝青龍の徹底した動きに感心した。動きの速さもさることながら、腰やひざの使い方が実に上手い。

解説者が、「腰が高いからだめなんだ」というように、相撲はとくに腰高はいけない。股関節を柔らかくするため、入門すると股割りという厳しい訓練をさせられる。野球も、とくに守備では下から上の動きが重要だ。腰をしっかり落とし、グラブを下から上に使わないと、変化してくるゴロに対応できない。重心を低く構えられないといい守備はできないのだ。

恥ずかしながら、そういうことを知ったのは、監督になってドジャースのベロビーチキャンプに行ったときだった。私はもとは投手だった。巨人に入って初めて一塁守備の勉強をした。基本を知らなかったから、引退するまで下手なままだった。

キャンプの練習が始まると、ドジャースの内野手たちの動きに目を奪われた。捕球して一塁へ送球する、流れるような動きがじつに柔らかい。準備体操のときに見ていると、長嶋くんなど巨人の選手たちに比べてアメリカ人のほうが体が固い。だが前屈しても手が下につかないような選手たちが、守備練習を始めると、日本人よりずっとやわらかく動くのが不思議でたまらない。コーチの牧野茂くんたちとじっと見るうちにそのわけがわかってきた。

「監督、ひざですよ。ひざの柔らかさが全然違います。だからあんなに足が長くて腰高に見えるのに低い姿勢のまま動けるんですよ」

当時の日本の車と、フワフワのサスペンションのアメ車くらい違っていた。

「本当だ。でもなんでだろう」

「身体のつくりが違うんでしょうね。農耕民族と狩猟民族との違い。ああじゃないと動物を捕まえるには都合が悪い。上下動が激しいと目線もぶれますしね。矢も鉄砲も当たらないでしょ」

「なるほど。日本人は重い物を持ったり運んだりするのに都合がいいように、トラックみたいになったのか」

「畳の生活はひざを使いませんからね」

大いに感心して日本に帰ってきたものだった。

私は昔から体が固かった。イチローに比べると、ヤンキースの松井秀喜も体は固い。だが、去年から全体に動きが柔らかく見えるようになった。ひざが柔らかく使えるようになったからだ。今季初戦でのホームランは、153キロの低めの球を打ったもの。そして、フェンス際でジャンプしてホームランボールを捕った守備。どちらもそれを証明している。大リーグの選手たちを見たり、トレーニングするうちに、身につけてきたのだろう。

フィル・ミケルソンの天下一品のアプローチをみていると、後ろのひざをじつに柔らかく使っている。それも、球を上げるとき、転がすときで微妙に動きが違う。自由自在だ。使うときは動かすが、使っていけないときはピクリとも動かさない。性能の良いブレーキがついている高級車、という感じだ。

ひざが悪いと、動かすことより、止めて動かさないでいるほうがずっと難しい。それがなんとももどかしい。リハビリでポンコツのひざと腰を補強する毎日。今日も練習場へ行った。大分ふらつかなくなってきた。コースへもあと一息である。

ダウンの途中で止めたタイガーに溜息

今年のマスターズ（05年4月）のハイライトは、なんといっても優勝したタイガーの、16番ショートでのチップインバーディだろう。直角に右に曲がって下るあの難しいラインを、一発で決める神業には心底驚いた。

だがそれ以上に、この男、やっぱりただ者でない、と思ったのは、スウィングを途中で止めた〝ハーフスウィング〟を見たときだ。大会三日目。フェアウェイからグリーンを狙うセカンドショットだった。ダウンスウィングに入ったところで音か何かのじゃまが入ったのだろう。体はすでに回転しはじめ、グリップエンドは右足付近まで下りてきていた。しかし、そこでスウィングを止めたのだ。フッと息を抜くような感じで、上体の力を抜き、グリップを緩めた。

音がしてスウィングを中止する選手はよくいるが、ダウンスウィングの途中で止めたのを見たのは初めてだった。あんな真似は誰もできない。スウィングの初動では手や上体にまったく力が入っていないのだろう。そうでなければあそこで止まるわけがない。

下半身は動き出しても、手と上体の動きはあくまでゆっくり。徐々に加速しながら、フィニッシュまで振り抜くのが本当のスウィングだ、ということが実に自然に腑に落ちたのである。腕を柔らかく、グリップもゆるゆる、ヘッドの重さを感じて振り下ろす。何百回聞いてもわからなかったことが、タイガーのハーフスウィングを見て一瞬にして納得できたのである。

同時に、それがいつまでたっても私のゴルフが上達しない最大の理由だということも改めてわかった。ハーフスウィングの本家は野球だ。私は、上体が固く、手が先行しがちで、振りだしたバットを途中で止めることはなかなかできなかった。下半身がリードして腕が遅れて下りてくる、という理想形には程遠いフォームだった。だが、王、長嶋くんなどはそれができた。イチローや巨人の高橋由伸なども上手い。松井秀喜もアメリカへ行って止め方が上手くなった。切り返しで力が入らず、

上体を柔らかく使えるようになったからである。

ゴルフクラブよりバットのほうがずっと重い。バッティングではゴルフのようにハンドファーストに下りてこない。インパクトではリストが返る。返らないとファウルになってしまう。来る球に合わせて、振りだしたり止めたりする野球と、あくまで自分のリズムで打っていけるゴルフの違いはあるが、下半身リードで、上体を柔らかく使わないとミスが出る、ということでは同じだろう。

マスターズと同じ週に、スタジオアリス女子オープンが行われた。服部道子が優勝したこの試合、最後まで宮里藍と横峯さくらが優勝争いに絡んでいた。

イーブンパーで服部と並んでいた宮里は、16番のロングで三打目のアプローチをわずかにダフって寄せきれず、バーディを逃した。続く17番の、40ヤードの第三打も少しダフってピン手前10メートル。スリーパットのダブルボギーで万事休すとなってしまった。

ダウンスウィングの切り返しで上体が固くなり、手が先行して体の回転が止まってしまったのがミスに繋がったように見えた。あの固さでは、途中じゃまが入っても、タイガーのようなハーフスウィングはできなかっただろう。

いつでも止められるスウィング。マスターズ以来、タイガーになった気分で、毎日素振りを繰り返している。

キャディはキャッチャーと同じ

初優勝（05年）を遂げた横峯さくらのキャディをしていたお父さんを見ていて、キャディはキャッチャーと同じだな、と思った。

「優勝の陰に名捕手あり」という。古くは巨人Ｖ９時代の森祇晶くん。西武では伊東勤を育てて黄金時代をつくった。南海ホークス（現ソフトバンク）の鶴岡一人監督は野村克也を擁して一時代を築き、その野村くんが古田敦也を育ててヤクルトを優勝チームに仕立て上げた。

私はもとはピッチャーだった。熊工時代のキャッチャー、吉原正喜と一緒に巨人に入団した。彼は屈強で闘志あふれる男だった。戦死していなかったら、私以上に活躍していただろう。連打を食らい、マウンド上で立ち往生すると吉原が飛んでくる。

「大丈夫。まだ球は走っとる。甘くならんば絶対打たれんけん、ミットだけ見て投げんか」

その一言でスッと落ちついた。何度助けられたかわからない。

森、野村、伊東、古田、そして中日の谷繁元信などを見ると、キャッチャーに共通する資質が浮かび上がってくる。頭が良くて冷静沈着。ものの言い方もゆっくりで、何事も用意周到で粘り強い。昨年のプロ野球界のごたごたのなか、会長の古田くんは選手会をまとめ、オーナー側と粘り強く交渉をすすめた。捕手の資質を生かし、まさに選手会の名キャッチャーともいうべき立派なリーダーぶりだった。

四月上旬、TPCソーグラスでプレーヤーズ選手権があった。勝ったのはベテランのフレッド・ファンクだったが、17番はピンチだった。有名なアイランドグリーンのショートホール。首位のファンクはグリーン奥に乗せたが、そこからスリーパットした。緊張で、1・5メートルの返しのパットを外してしまったのだ。二位とは一打差に縮まった。彼の顔が歪む。すかさず、キャディが彼の耳元で何か囁いた。

テレビ解説していた水巻善典プロが言った。

「キャディの仕事は、距離を測ったり、芝目を読んだりいろいろあるけど、こういう、選手の気持ちが揺れたときに、落ちつかせることが、何より大事な仕事なんです」

横峯選手のキャディ、良郎さんの一言は秀逸だった。最終18番、入れば勝ちという80センチのバーディパットを前に、彼女はガチガチになっていた。

「外してもいいぞ。こんだけお客さんがいるんだから、5ホールぐらいプレーオフするか」

彼女は一瞬笑みを浮かべ、カップのど真ん中から優勝パットを放りこんだのである。

良郎さんは、まずは親として、さらにコーチ、監督として彼女を育ててきた。ともに泣き笑い、バッグを担いで一緒に歩きながら、夢を実現させたのだ。

考えてみれば、監督の仕事もキャディと同じようなもの。どんなに教え、アドバイスしても、試合になれば自分ではなにもできない。じっと選手の働きを待つしかない。選手が活躍し、勝ってはじめて監督として評価されるのである。

チームの調子がいいときは監督はいらない。黙って選手に任せておけばいい。負けがこんだときに、初めて監督の出番がやって来る。自信を回復させ、選手をやる気にさせるのだ。腹立ちまぎれに選手を叱り飛ばしても、なんの解決にもならない。今の巨人は調子が悪い。

こんなときこそ監督の力の見せどころである。堀内監督には、今こそ俺の出番、とさくらパパのような名キャディになった気分で、早くチームをその気にさせて欲しいと願っている。

潮風に吹かれて勝つための条件を考える

五月五日（05年）のこどもの日、千葉マリンスタジアムへ行った。最下位の楽天が、7対1で快勝して、首位を行くロッテの13連勝をストップさせた試合だった。五月晴れの、爽やかな海風に潮の香りがする。屋根なしグラウンドは気持ちがいい。やっぱり野球は屋外でやるものだ、と改めて思った。

選手のころ、球場へ入って一番にすることはセンターポールの旗を見て風を読むことだった。追い風か向かい風か。高く上がればどっちへ流されるだろう。準備して守備につく。バッターの追い風は、ピッチャーには向かい風。曲げ易いので変化球が多くなる。

反対にセンターからホームに強い風が吹くときは直球主体でガンガン攻めてくる。スタンドに運ばれる心配がないからがぜん強気になってくる。

監督時代は秋が待ち遠しかった。後楽園球場は、秋になるとレフトからライトに風が吹く。すると王くんがホームランを量産しはじめる。それにつれて、グングン勝ち星が増えてくる、という具合だった。人工芝などなかった頃は、グラウンドの硬さにも神経をつかった。中日球場はなぜかいつも撒く水の量が多くて軟らかい。守備し易いのはいいのだが、ゴロの勢いが止まってヒットが出にくい。反対に甲子園の土は硬かった。叩きつければヒットが稼げるから、甲子園へ行くのがいつも楽しみだった。

ゴルフほどではないが、野球も自然相手のスポーツ。相手チームより先に、雨や風と戦わなければならない。といっても、喧嘩はいけない。友達になろうと考えた。敵にも味方にも自然は平等だ。

ならば、暑いの寒いの、嫌な雨、と文句を言ったり嫌がったりしないで、味方につけたほうが有利になる。

人間も同じだ。嫌なやつだ、と自分が先に思えば、相手も嫌ってくる。逆に、信頼してやれば、決して嘘をついたり裏切ったりしない。監督におべっかばかりのゴマスリだ、嫌なやつだ、とチームの中で嫌われていた人がいた。なんでそれがわからないのか、とコーチや選手たちからさんざん文句を言われた。だが、そういう人ほど、本気で信頼してやれば、必死で応えてくれるものである。彼は最後までいい仕事をしてくれた。

野球は、相手より1点多く点をとれば勝ち、というゲームだ。しかしゴルフは、困難を乗り越えて遠くの的に、少ない回数で入れるのを競う。的当て競争と同時に、障害物競争でもある。自然というハザードに加え、障害物や罠をわざわざ人工的にこしらえて、それらを克服してはじめて旨いビールを呑ませてもらえる仕組みになっている。

木や林、膝まで隠れる深いラフ。曲がりくねったフェアウェイやグリーン。川にクリーク、池の中のグリーンもあれば、海越えのショットで度胸を試されることもある。

一度入れたらプロでも泣きが入るような深いバンカーもある。冷静に考えたら、よくもこんな悪夢のようなところで何十年もゴルフをやっているもんだ、と思うときがあるくらいだ。

トーナメントで優勝する選手は、自然や障害物をうまく切り抜けた人、味方につけることができた人だ。当然のことながら、そのための技術を持っていなくてはならない。

「もっと風が吹いてくれると、ぼくにチャンスが出てくる」

と丸山茂樹が今年のソニーオープンで言っていた。最近上位に来ないが、早く今季の一勝をあげて手本を見せてほしい。

無駄な力の抜けたゴルフがしたい

五月（05年）に二週連続優勝を果たした宮里藍が、頸椎ねんざと肩関節周囲炎で翌週の試合を欠場した。持病の腰痛も悪化させていたらしい。そんな状態で優勝できたのは、なんといっても彼女の強さに違いないが、体調不十分のときに思わぬ好結果が出る、ということはスポーツに限らずよくあることである。

「調子が悪いときに、かえって客の反応が良い、ということがあるそうですね」

とアメリカのテレビ番組で訊ねられたセリーヌ・ディオンという女性歌手が、

「調子がいいと、どうすればもっと客にアピールできるだろう、ということばかり考える。でも風邪で声が出ないときは、なんとかしなくては、というパワーが出てくる。身体の奥底からガーッと力が沸いてくる感じで、余計なことは考えずに夢中になれるからなんでしょう」

とこたえていた。変な色気や無駄な力みが入らないのがいいのだろう。

昔のプロ野球では〝千本ノック〟という荒っぽい練習をよくやった。

「どうしたーッ。もうへばったのか。まだまだ。コラーッ食らいつけ」

コーチが鬼の形相でノックの雨を降らせるあれである。前近代的な野蛮で無用な練習、と批判を浴びることもあったが、負けん気を養うこと以上の、もっと重要な意味があった。

二百、三百とノックを受けるうち、足はもつれ、意識は朦朧としてくる。こう捕って投げよう、などと考えることもできなくなる。それでも容赦なく球は飛んでくる。グラブを出さないと身体に当たるから、無意識のうちに身体が球に反応するようになってくる。それが狙いだった。蝶や鳥たちが無心で羽を動かすように、無駄な力が抜け、理にかなった身体づかいが自然と身についてくるのである。

根性や精神力を鍛えるには、今は優れたメンタルトレーナーたちのお陰で昔よりずっと合理的にできるようになった。だが、無駄な力が抜けた、自然な動きを習得することの難しさは相変わらずである。

例えば巨人の清原選手（現オリックス）。あれだけのバッターが、インサイドの厳しい球を上手く避けることができない。上体に無駄な力が入っている証拠だ。死球を食らって相手を睨み返す前に、自分の身体のつかい方を工夫すれば、痛い目に会わないで済むはずだ。

名高い料理の名人から、わが家に出入りする植木屋さんや大工さん。私のなけなしの髪を整えてくれる近所の床屋のオヤジさんまで、その道のプロの人たちの道具づかいの柔らかさ、鮮やかさにはいつも感心させられる。ああいう風に力が抜けたゴルフができないものか、と。

孫娘が運転免許をとったというので、乗せてもらったことがある。だが恐ろしくて五分と我慢できなかった。ハンドルを持つ腕は突っ張り、上半身はガチガチ。ゴルフなら、生卵が何個あっても足りないようなグリップだった。

いつだったか、水巻善典プロがテレビ中継で、ビジェイ・シンのパターのグリップについて解説していた。

「柔らかく握っているように見えるでしょ。でも、ただソフトに握るだけだと、打つときにかえって力が入ってしまう。簡単にやっているように見えるけど、やはり豊富な練習がなければできないことなんです」

どの世界でも難しさは同じだな、と思ったものである。

手の甲の向きで再認識した基本

横浜ベイスターズのマーク・クルーン投手の分解写真がスポーツ紙に載っていた。日本最速の159キロを三度もマークしている選手だ。電卓で計算すると、秒速44メートル。飛ばし屋のアマチュアゴルファーのヘッドスピードと同じくらいの速さである。

球は、投手の指先から離れた瞬間が最も速く、直球でもホームプレート付近で5パーセントは減速するという。いずれにしてもクルーンの指先はドライバーのヘッドスピード並の速さで振られているわけだ。野球とゴルフのプロ同士で比較すると、バットのスウィングスピードはゴルフのそれよりずっと遅い。

13分割された写真で注目したのは、トップから今まさに腕を振り出そうとしている部分だ。

右ひじが肩の高さまで九十度に上がり、甲の部分が、しっかりホームの方に向けられている。当然のことながら、ボールは逆にセンター方向を向く。

そばにあったクラブを手にとって、写真を見ながら形を作ってみる。レフティの私には、後ろになる左手の甲が、クルーンの右手の甲の形と鏡の反対映しのようになって、トップの形がきれいにでき上がった。

一カ月分の週刊ゴルフダイジェストを取り出してきて、タイガーやミケルソンの分解写真と比較してみる。クルーンの右手の形とそっくり同じだった。

なんとなく分かっていたことだが、改めて写真をつき合せると、あまりにピッタリなので驚いた。野球もゴルフも、これが速く遠くへ飛ばす基本のカタチなのだと納得がいく。

監督を辞めてから、少年野球の指導で全国を歩いたことがある。野球の一番の基本だ、と教えたのがキャッチボールだった。サッカーの基本がパスであるのと同様、これができていないと野球にならない。

正しい投げ方を知らず、手の甲をセンターに向け、球を終始ホーム方向に向けたまま投げている選手がかなりいた。始球式に出てくる、タレントの女の子のような握り方、投げ方だ。

ゴルフなら、「シャフトが飛球線と平行になるようにトップを作る」と教えれば、後ろの手は自然に正しい形になる。昔は「蕎麦屋の出前持ち」の形、と教えられたが、今は昔のようにひじを絞らないから、その分、甲はよりはっきり目標方向に向くようになってきた。

クルーンの腕は細くて長い。右手の握力は48キロしかない。だから腕を鞭のように使えるのだろう。硬式ボールの重さは150グラムほど。1キロ近くあるバットを振り回すバッターのように太くて強い筋肉はいらない、というよりかえって邪魔になる。

私はもとはピッチャーだった。球も遅く、すぐにバッターに転向してしまったが、速い球を投げるには、指先や手首から力が抜けていなくてはいけないことは知っている。トップの切り返し付近で、手の甲を軽く叩かれただけで、ボールが落ちてしまうほど、柔らかく握っていなくてはいけないのだ。

重いバットはそこまでゆるくは握れない。手首を柔らかくつかうのは同じだが、バッティングでは、右手の甲はピッチングやゴルフスウィングほど、はっきりとは目標方向を向かない。

クルーンの写真を見ながら、考えれば考えるほど、ゴルフの体の使い方は、バッティングよりピッチングに近い、ということがわかってくる。

ひどいゴルフをやったときには、俺はバッターだったから、と恰好の言い訳に使えそうである。

欲を持ちながら欲から離れる矛盾

六月下旬（05年）のプロミスレディスで、表純子がまたも優勝を逃す二位に終わって涙を飲んだ。

四年間で二位が十一回。どうしても優勝に手が届かない。

表を追った特集が週刊ゴルフダイジェストに載っていた。キャディのご主人と二人でツアーを転戦。目指す初優勝の他に、全試合出場、全試合二十位以内も目標にしているという。素質に恵まれ、まじめで練習熱心。ショットの切れは抜群で、プレーぶりにも好感が持てる。読むほどに、なぜ勝てないのか、謎は深まるばかりだ。

記事を読んで、ご主人との仲の良さが気になった。家庭でも仕事場でも一緒だと、気持ちを切り替えにくい。マンネリは、気づかないうちに忍び寄ってくる。どうしても結果が出ないとき、周りの環境を思い切って変えてみる荒療治で上手くいった経験が私には何度かある。

全試合出場の目標もいいが、こだわらず、体調の悪いときはスパッと休む。そういうメリハリも必要だろうし、どこかのパパのような恐いキャディに付いてもらうという考えもある。

「勝ちたい、という思いが弱いんですかねえ……」

という表のコメントには、彼女の悔しさが表れていた。

たしかに、絶対に勝ってやる、という強い気持ちがなければ勝負事に勝つのは難しい。だが一方で、『勝つと思うな、思えば負けよ』というように、結果だけを追いかけても、力んだり萎縮して逆効果になる。その兼ね合いが難しい。

「己を捨てよ」「無心になれ」「平常心が大事だ」とよくいうが、簡単にできるなら苦労はない。

巨人の四番を打つようになった頃、バッターボックスに入ったら〝今やるべき〟ことだけに全神経を集中した。何回で何点差、この場面、初球は何が来るか。過去の対戦をもとに、考える。さらに投手の表情やそぶり、キャッチャーの気配や、内外野の守備位置なども観察して微調整する。

一球目はインサイド高めの直球だ。ボール。経験から、これはツリ球だ、とわかる。次は内野ゴロを打たそうとして外角にボールくさい球を投げてくるだろう。ならばそれは捨てよう。ストライクでもいい。その次にもう少し甘い球が来るはずだ。

それを逃さずに振ればいい。

ここで打てないと負ける、というプレッシャーのかかる場面でも、今やることだけで頭を高速フル回転させて、打ちたい、勝ちたいという雑念を抑え込んでしまうのだ。

結果として、勝ちも負けも忘れ、ただ来る次のボールだけに集中する。それが結果として無心にバットを振ることに繋がったのだと思う。

同じように、パーやバーディをとりたい、と結果だけを求めてもだめだ。第一打はバンカーを避けてあそこへフェードで打とう。残り130。このグリーンでこの番手なら絶対に上りのパットを残せる。風はどうか、ライはこう、とチェックし計算する。そういう作業に没頭する。それが、勝ちたいと思いながら無心になるということだ。

欲が勝ち過ぎるから失敗する、と口にする人がいる。だが欲を持って、成功したいという気持ちがあるからこそ必死になって頑張ることができる。欲は常に行動の原動力だ。欲を持ちながら欲から離れる、という矛盾したことをやらないと上手くいかないので難しいのである。

表をコップの水に例えれば、触っただけで溢れだすところまできている。二位が十一回の選手だ、一度勝てば、どんどん勝てる選手になるだろう。

ボールを遠くへ飛ばすための腕のたたみ

〝ブンブン丸〟こと、元ヤクルトの池山隆寛くん（39歳）が、プロツアー参戦を目指し、クオリファイングトーナメントに挑戦している姿を新聞で見た。320ヤードは飛ばすらしい。

投手出身者のほうが、概してゴルフは上手いが、飛ばすだけなら断然バッター。彼のようなホームランバッターならなおさらだ。

現役を引退したばかりの原辰徳くんとコンペで一緒になったことがある。なんと310ヤードのパー4を、ドライバーでノーバウンドで奥のバンカーに叩き込んだ。330は飛んだだろう。私が現役を引退したのも四十前だったが、飛距離はせいぜい230。パーシモンとスチールの時代だったが、それ以上に、私の打ち方に問題があった。

私のバッティングはこすり打ちだった。右脇（私は左打ち）が甘く、インパクトで、両腕が真っすぐ伸びない。そこが池山や原との大きな違いだ。かつての、王、長嶋、いまの巨人の小久保のインパクトも美しい。体の回転とともに、ひじ、というか二の腕がスムーズに返り、キュッと脇が締まる。テレビ解説ではよく、〝腕のたたみ方〟が上手い、という言い方で表現される。バットの先がビューンと回って両腕が綺麗に伸びていく。ヘッドが速く大きく回るから、ボールを遠くに運べるのである。

球が飛ばず、率を稼ぐタイプだった私が、ホームラン狙いに走ったときがある。戦後間もなく、大下弘くんがホームランブームを巻き起こした。私も負けじ、と本塁打狙いの引っ張るバッティングに切り換えた。それで25本を打ち、本塁打王のタイトルもとったが、その後しばらく自分を見失ってしまった。

上から叩くバッティングだった私は、低いライナー性の当たりが多かった。それではスタンドに入らない、と思って、すくい上げるバッティングに変えた。バッティングは上から叩く。

ホームランもその延長上にある、というのは、今なら常識だ。だが当時はまともな打撃理論もなかった。すくい上げても球は上がらない。飛ばすには、前腕の返しがポイントだ、と分かったのはずっと後のことだった。

後にコーチになった私は、バットメーカーに頼んで、すりこぎくらいの長さのバットを作ってもらった。握りはバットと同じだが、ボーリングのピンを逆さにしたように先を太くしてある。これでスウィングすると、腕を返すコツが早くわかるので、こういう練習をさせたのである。

結局私は、こすり打ちの悪いクセを直すことができなかった。だが、野球でもゴルフでも、人のことはよくわかる。

例えば、最近のタイガーだ。優勝した世界選手権シリーズNEC招待（05年）では、コンスタントに320ヤードは飛ばしていた。

「ゴルフ人生の中で、今が一番ドライバーに自信がある」

このところの飛距離アップは、グラファイトの45インチにかえたから、と本人は言っているが、それだけではないように見える。

195を7番で打つほど、アイアンも飛んでいる。最近はヘッドを球にぶつけるようなパンチ気味のショットを見せなくなった。短いショットも最後まで大きく振り切っている。スウィング改造で、左腕の返し方が以前よりよくなったのではないか。その証拠に、フィニッシュが高くなった。野球では、返し方がいいとフィニッシュが高くなる。

自分ではとうてい真似できなくても、素人が勝手な想像を巡らせて楽しめるのも、またゴルフのいいところである。

野球の寿命、ゴルフを長く楽しむためのこつ

巨人の工藤公康投手が八月（05年）に10勝目をあげた。四十二歳での二桁勝利は史上初の記録である。彼が通うスポーツジムの関係者から、

「熱心な人ですね。それに、会って話すと実に気持ちがいい」

と以前から聞いていた。まさにトレーニングと節制のたまもの。人柄の良さも大記録達成に繋がったのだろう。

それにしても最近の選手寿命は長くなった。大リーグでも、クレメンスやジョンソンなど、四十過ぎの大投手が珍しくない。

バッターは、打つには打てても、走塁や守備力が先に衰える。それでピッチャーの元気よさが目立つのだろう。

古い私の時代は、逆に投手のほうが選手寿命が短かった。ライオンズの稲尾和久くんや巨人の藤田元司（06年物故）くんなどはその典型。

「お前しかおらん。投げてくれんか」

「行きましょう」

少々肩が痛くても、先発でも抑えでも、ダブルヘッダーの連投さえ辞さなかった。太く短く、それが男の心意気、かっこよさ、という意識がはっきり変わり始めたのは、三十年くらい前からか。ちょうど巨人に江川卓くんが入ってきたころだ。無理をせず、少しでも長く選手を続けたい、という彼らの考え方に、

「なんと情けない。堅気の勤め人と同じじゃないか」

と思ったものだが、今ではそれが当たり前。野球選手は特殊な仕事ではなくなり、日本人の平均寿命も格段に長くなった。時代の流れなのだろう。

「八十五歳までゴルフを楽しむこつは何ですか」

この間一緒に回った人から訊ねられた。節制、トレーニング、食事が大事、と工藤を例に話したが、大事なことを忘れていた。

しっかり基本を知った上で始めること。スポーツではこれがなにより大事なことだ。

投手だった私は我流で投げ続け、高校でひじを壊した。プロで打者に転向し、生き残ったのは、人より体が強かったのと、運がよかったからである。

ゴルフが上手くならなかったのも、なあにバッティングと同じだろうと軽く考え

て、我流で通してきたからだ。こんな長いつきあいになるなら、初めからしっかりプロについて習えばよかった。体力が衰えるとごまかしがきかず、どんどんボロが出てくる。体を正しく使えば、腰やひざも痛めない。カートに頼らず、自分の足で歩ければ、もっとゴルフが楽しくなるのに、と思うが、後の祭りである。

女子に続いて男子でも、伊藤涼太くんのような有望な若手が現れてくるのは、今の時代のよさだろう。

ジュニアの環境が整備され、初めから正しいゴルフを教えてもらえる。中学生が、プロを教えるティーチングプロから指導してもらえる時代だ。素質ある選手が体を痛めてつぶれることも少なくなり、選手寿命はますます長くなる。今以上に節制とトレーニングの重要さが増してくるだろう。

ゴルフを長く楽しむもう一つのこつは、目標をもつこと。例えばもう一度エージシュートがしたい、というように。たかが遊びだ、くらいの漠然とした気持ちでは、長続きしない。やる以上は中途半端でいられない。少しでも上手くなりたいといつも思っている。

スキーの三浦雄一郎さんのお父さんの敬三さん（05年物故）をテレビで観た。百歳でまだガンガン滑っている。昨日より今日、今日より明日、少しでも上手く滑りたい。そんな気持ちが伝わってくる。最高のお手本だ。

スランプでの特効薬は大根斬り

フェアウェイウッドが打てない原因は、これだった、と気がついたのは、日本シリーズ（05年）を観ているときだった。

阪神の赤星、金本、今岡などの中心選手が、ロッテ投手陣に翻弄され、そろって一、二本しかヒットが出ない。とくに今岡は、厳しくインサイドを攻められて完全に自分のバッティングを見失っている。典型的な〝ドアスウィング〟になっていた。

ドアスウィングというのは、体が回らない、いわゆる手打ちのスウィングのこと。両脇が体から離れ、腕が伸びきって、体が突っ込み、バットの先から回っているように見える。本物のドアは支点があるからいいが、ドアスウィングは支点そのものが動いてしまうから始末が悪い。

バッティングには体を動かす順序がある。中心となる腰が回って、肩が回り、腕に伝わってバットが回る。これではじめて遠心力が使える。コマを回すとき、外側を握って回す人はいない。曲芸のコマ回しで見るように、心棒を両手で擦り合わせるようにすると勢いよく回り出す。

ドアスウィングの原因は色々ある。相手投手に力があると、余裕がなくなり、打ち急ぐ。突っ込んで体が開いて、結果的に手打ちになる。今岡のようにインサイド攻めでタイミングが狂うと、前腕が引けてこすり打ちになる。遠心力がつかえず力がバットに伝わらない。サンドウェッジの、わざとヘッドを利かさないような打ち方と同じで、これでは飛ばない。

ピッチャーにもドアスウィングがある。解説者がよく口にする〝球を置きにいく〟という投げ方だ。コントロールを気にし出すと、かえってストライクが入らなくなる。順序よく、中心から外側へ体を使って、力を伝えなければ、キレのいい速い球は投げられない。体が固くなって腕が振れなくて手投げになってしまうのだ。

私のゴルフもドアスウィングになっていた。だからフェアウェイウッドが打てなかったのだ。前の肩を少し下げ気味に、下半身で回してくる。フェースを閉じ気味

にアーリーコックでテークバックする。この夏以来、このやりかたでドライバーもアイアンも調子が上がってきた。だが、フェアウェイウッドだけが上手くいかない。苦手意識もあるのだろう、球が上がらず、トップしたり低い引っかけになってしまう。

ショートアイアンは、しっかり体が回って、前の右腕で（私はレフティ）上からダウンに引き下ろしてこれる。フェアウェイウッドが同じように打てないのは、シャフトが長いからだろう。横から払い打つようになって、どうしても上から叩けない。ティアップに救われるドライバーと違って、ちょっと甘く入っただけでミスになる。前腕で下ろせないから後ろの腕が勝ってくる。左肩が前に出て、体が回らずに突っ込むような形で前ひじが上がる。それでシャフトを立てて下ろすことができなくなっていたに違いない。

野球には、これを治すいい方法がある。〝大根斬り〟だ。前足の前に球があるつもりで上から下に叩き下ろす。イチローも松井も、ウェイティングサークルでこの素振りをやっている。本番ではバットの軌道は水平か少しダウンになるのだが、大根斬りのつもりでちょうどいいのである。

早速練習場に行った。アイアンのように少し短く握って大根斬りのイメージ。はたして、最近なかった当たりが甦った。あとはコースで試してみるだけだ。

オーソドックスと変則があって面白い

タイガー・ウッズ、ジム・フューリック、デビッド・デュバルが顔を揃えたダンロップフェニックス（05年11月）の試合を観ていて、

「いつの時代も、オーソドックスと変則があって面白い」

と思った。ウッズにはフューリック。ニクラス対パーマーの時代もあった。ジャンボ尾崎に青木功。宮里藍、不動裕理には、スウィングもパッティングスタイルも独特の横峯さくらだ。

大リーグでは、オーソドックスの松井秀喜に対してイチローがいる。投手には、変則の代表のような野茂英雄がいるが、並び立つ正統派投手はまだいない。

古くは、長嶋くんに対して一本足打法の王くんがいた。あの独特の打法は、当時の荒川コーチと二人で寝食を忘れる激しい練習を繰り返して作り上げたものだった。普通の二本足ではどうしてもタイミングがとれず、伸び悩んでいた。王独自の、球

を捉える〝間〟を追究した結果、一本足打法にたどりついたのだ。しかし、誰でも真似できるものではない。王は軸足となる左足の足首が、普通の人の何倍も柔らかった。それではじめてあの変則打法が可能になったのである。

今年もまたアメリカツアーの賞金女王になったアニカ・ソレンスタムも、オーソドックスより変則のほうに入るだろう。早く顔が上がるルックアップ打法は、彼女の股関節の硬さからきている、と週刊ゴルフダイジェストの記事で読んだことがある。あの打ち方が彼女には一番無理のかからない理想的なスウィングなのだろう。

そもそも、何をもって変則というか、その定義は難しい。ボビー・ジョーンズ、ベン・ホーガン、サム・スニードのスウィングは綺麗なスウィングの代表と言われる。道具が進化した今でもお手本になる。

しかし、確かに美しいが、よく見ると決して同じではない。それぞれ違っていて、個性がある。変則と言われる人も、その個性が少し強いだけで、間違ったスウィングをしているわけではない。変則に見えて、結果も悪ければ、ただのヘボゴルファーと言われるだけなのだから。

個性は〝磨く〟という。髪を染めたり、派手な衣装を着たり、目立つパフォーマンスを個性とは言わない。武道なら「型」、ゴルフや野球なら、基本を徹底的に練習する。やってやってやり抜いて、ああしよう、こうすれば上手くなる。そんな作為すらなくなるところまで鍛練に鍛練を重ねる。他人と違う体のクセや特徴が加味されて、最後に結晶のように「自分らしさ」だけが残る。それがプレー上に顕れ出てきたものを、本当の個性というのではないだろうか。だから、他人には絶対に真似できない、その人だけのものとなる。どんなに他人と違って見えても、その人なりの上手くやれる最高の形なのである。

コーチで大事なのは、個性なのか、単なる悪いクセなのか、そこを間違えないことだ。これが難しい。教えるほうは、どうしても見た目にきれいなオーソドックスを教えたがる。私もそうだった。

一本足を、二本足に戻したらどうか、と王にすすめたこともある。評論家でオリックスのキャンプに行ったとき、軸足に体重を残すフォームにしたら、もっとヒットが打てる、とイチローにアドバイスしてしまった。今思うと冷や汗ものである。

変則フォームの人は、精神的にもタフな選手が多い。優等生でないところに共感しやすいからなのか、不思議と応援したくなってくる。

野球とゴルフの飛ばしの条件

ワイアラエのソニーオープン（06年1月）に忽然と現れた、ババ・ワトソンという飛ばし屋のレフティには驚いた。

最終日、18番ロングのセカンドで握ったのはなんとピッチング・ウェッジ。ピン上1メートルにつけてあっさりイーグルだ。ショートカットも狙える短いホールだが、ショットが冴えて優勝したデビッド・トムズでさえ、7番で打っていた。驚くべき飛距離。少し前のホールでも390ヤード以上飛ばしていた。

今年からツアー入りしたルーキー。去年までの下位ツアーで、平均飛距離一位の二十七歳だという。ワトソンは、フィニッシュで体が崩れるほど目一杯振り回す。力こぶを作ってみせてギャラリーを沸かせたりもする。ジョン・デイリーを初めて見たときのようだ。やっぱり飛ぶのはいいことだ。見ているだけで興奮する。

プロ野球出身者はみんなよく飛ばすが、私は飛ばなかった。パーシモン時代はせいぜい230ヤード止まり。六十五歳のころが一番飛んだ。メタルとカーボン、ツーピースのお陰である。それでもせいぜい250ヤードくらいのものだった。

野球でも、球を飛ばすのは苦手だった。バットの芯に当てるのは上手かったのだが、遠くへ飛ばない。飛ばすには、芯に当てるだけでなく、速いヘッドスピードと正しい角度が重要なのだが、その方法がわかっていなかった。

私は前の右脇が開いて（私はレフティ）肘が引ける悪いクセがある。だからヘッドスピードが上がらないうえに、こすり打ちになる。ゴルフなら、フェースが開いたスライスだ。

それで率を稼ぐバッティングに徹したのだが、ホームラン狙いに走ったときがあった。戦後間もなくはホームランブームだった。当時、私は二十代。球を高くあげてホームランを打つには、下からすくい上げればいい、と単純に考えた。確かにフライになりやすく、ホームランも出たが、ポップフライや凡ゴロも増える。結局自分のバッティングを見失ってしまった。

バットを下から振ると、力を入れても、ヘッドが下がり、ヘッドスピードは上がらない。だが、上から大根斬りで振り下ろせば、力を入れなくてもスウィングスピードが上がって軌道も安定する。すくい打ちがダメなのはゴルフも同じだ。

球が本当に飛ぶのは、インパクトで、水平か、少しダウン気味にヘッドが入り、ボールの中心に当たったときである。球は初め低く打ち出されるが、上向き回転がかかっているので、途中からグンと伸び、ライナーで飛んで行く。その延長が結果としてホームランになるのである。加えて、王くんや巨人の小久保くんのように、前腕を上手に返す技術が伴わなければ、本当のホームランバッターにはなれないのだ。

ババ・ワトソンのスウィングはあまりいい打ち方に見えない。私のバッティングのように、前脇が開く。重くしなりのないバットだとヘッドが遅れてスライスになるが、ゴルフでは逆にフックの原因になる。ビジェイ・シンも脇が開いて引っかけてよく失敗しているが、ワトソンがなぜ曲がらないのかわからない。誰か分析してくれると有り難い。

ともかく、あれだけ振り回す割には正確で、小技も上手い。四位に入ったのだから先が楽しみ。今年、ミケルソン、ウィアーと一緒の組で回ることもあるだろう。絶対見逃すわけにはいかない。

あとがき

「八十を過ぎたら、もう仕事はやらん」

周りに宣言して、好きなゴルフと釣り三昧の毎日を決め込んだ。

野球評論以外の講演だ、取材だ原稿だ、という煩わしい仕事は一切断ることにした。なにしろこの年だ、まともに話しているかどうかさえ怪しい。同じことを何度もしゃべったりしてないだろうか、と不安もある。義理を欠いて済まないが、この年ならもういいだろう。快適な日々が続いていた。

「仕事はもうたくさん、というお気持ちは分かります。それならそのゴルフ三昧の毎日を、日記風に書いていただけませんか」

連載の話が飛び込んできた。うーん。敵もさるもの、ゴルフと聞けば気持ちが揺れる。たまにゴルフに連れていってくれるというからなおさらだ。野球はともかく、ゴルフは素人。何を書けばいいのか、と聞くと、ただありのままを書いて下さい、と言われた。凝り性の私が、ああでもない、こうでもない、と野球より小さな球と格闘する様が面白そうだと言うのである。難しいことは苦手だが、それならなんとかなりそうだ。

ところが、長くて二、三カ月、と思って始めたのに二年半も続いてしまった。そして今度は本になる、と聞いて驚いた。こんな独り言のようなゴルフ日記が一冊の本になるとは、ああ恥ずかしい。

あれよあれよ、という展開だが、今まで書いてきて思うのは、ゴルフと野球の共通点のことである。球を打つのだから、バッティングに似ているのは当然だが、よく見れば、ゴルフスウィングは、むしろピッチングの身体の使い方のほうに共通点が多い。

毎週、ない知恵をひねって日記を書くうちに、ゴルフと野球の違いについていっそう理解が深まったのは思わぬ収穫だった。動く球を打つ野球と、止まっているゴルフ。それだけではないもっと複雑で根源的な違いもまだありそうである。

「ほとんど同じだが、全然違う」

という禅の言葉がある。何事も、気がつきにくい、ほんの小さなことにこそ真実が隠されている、という意味だろう。それをなんとか摑みたい。真っすぐ立っていることさえおぼつかないポンコツの体だが、明日も、一歩でも真髄に近づいて行きたいものである。

平成十八年九月

川上哲治

＊本書は『週刊ゴルフダイジェスト』連載「喜怒哀楽ゴルフ日記」2004年1月6・13日号〜2006年6月13日号分に推敲の手を加え改題・再構成したものです。また必要に応じ年度を適宜補いました。

川上　哲治（かわかみ　てつはる）

1920年、熊本県生まれ。熊本県立工業学校（現・熊工）では投手として、夏の全国中等学校選手権では2度準優勝。38年、巨人軍に入団。開幕投手もつとめたが「投手で4番」先発も3度記録。その後徴兵。戦後一時は郷里で農業に従事した後、巨人へ復帰。野手に専念し、「打撃の神様」と謳われた。首位打者5回。本塁打王2回。打点王3回。MVP3回。「ボールが止まって見えた」という51年には年間三振6の最少記録。背番号16は永久欠番。引退後は巨人軍監督として指揮を振るい、14年間に9連覇を含む11回のリーグ優勝、それも全て日本一に導く。史上最高の名監督との呼び声も高い。65年殿堂入り。その後はNHKなどで解説、好きなゴルフで日本レフティゴルフ協会会長をつとめる。『週刊ゴルフダイジェスト』に「喜怒哀楽ゴルフ日記」を連載中。

ゴルフ狂、川上哲治

発　行	2006年9月30日　第1刷
著　者	川上　哲治
発行者	木村　玄一
発行所	ゴルフダイジェスト社
	〒105－8670　東京都港区新橋6－18－5
	TEL03－3432－4411（代表）
	03－3431－3060（販売部）
組　版	㈱スタジオパトリ
印刷・製本	大日本印刷㈱

e-mail　gbook@golf-digest.co.jp
URL　http://www.golfdigest.co.jp

定価はカバーに表示してあります。万一乱丁・落丁の本がありましたら
小社販売部までお送りください。送料小社負担にてお取替えいたします。

Printed in Japan
ISBN4－7728－4068－0　C2075